私は新潟で生まれ育ち、「野菜研究家」「野菜ソムリエ」として20年以上、
野菜が持つ可能性を探究し続けてきました。

直売所で珍しい野菜を見つけると、嬉しくなってしまいます。

「カリフローレ」はカリフラワーの一種で、「スティックカリフラワー」と呼ばれることも。芯まで柔らかく食べられる品種。

「アレッタ」はケールとブロッコリーの交配品種。捨てる部分がなく栄養満点。

皮は手でむけて、くだもののような食感と甘さを持つかぶ「もものすけ」。

芽キャベツとケールをかけ合わせた「プチヴェール」は、焦げ目がつくまで焼くと最高においしいです。

「祝蕾」はアブラナ科の新品種で、さっと加熱して食感を楽しめる野菜。

こうした珍しい野菜は、最近では「新顔野菜」と呼ばれています。

（写真ではわかりづらいですが）
畑ではいろんな野菜の栽培実験をしています。

気温が上がらないと、なかなか成長しないオクラ。

10坪の畑で、毎年20種類の野菜を栽培しています。

トマトは4種類栽培しています。
赤くなるのが待ち遠しい。

6月頃から毎日新鮮な野菜が収穫できます。

水耕栽培にも挑戦。にんじんとセリの伸びた葉は、料理に使うことができます。

水なす、長なす、丸なす、丸えんぴつなす、十全なす、小なすの6種類を栽培。

料理教室を開いたり、
ケータリングを振る舞ったり、

パン教室でも野菜料理を組み合わせます。

トマトを使いこなした野菜料理教室は、鮮やかな料理が並びます。

ケーキ教室でも、野菜を使います。写真は「かぼちゃのテリーヌ」です。

園児が作る野菜ピザは芸術的。

色とりどりの野菜は、ケータリング料理を華やかにしてくれます。

ケータリングパーティーでは、野菜料理が大人気。

フランスやベトナムでは、海外の野菜売り場を見に行ったり、

パリのスーパーで見たカット野菜。これが30mほど続いていました。

パリのコンビニにも、色鮮やかな野菜が豊富。

ベトナムでは、小ぶりなにんにくが主流。

パリのマルシェには、おしゃれな野菜がたくさん。

マルシェのお兄さんが、野菜の重さを量って売ります。

ホーチミンでは、どこに行っても無料で香草が出てきます。

ニューヨークに行き、野菜のトレンドを学んだり

カラフルで多種類のじゃがいもに圧倒されました。

ニューヨークのマーケットには、日本では見ない野菜がたくさん並んでいます。トマトだけでも、こんなに種類があります。

ニューヨークのマーケットは、並べ方が芸術的でした。

インディアンコーンは別名「フリントコーン」とも呼ばれ、その名称は粒が堅いことからきています。

ニューヨークでも、カット野菜の種類は料理に合わせて豊富でした。

スーパーマーケットのデリコーナーでは、ケールが大人気。

野菜料理のイベントを企画したり、
地元の新聞紙でレシピを掲載したり、

「野菜料理バイキングと日本酒の電車ツアー」というイベントを開催しました。

野菜商品開発試食会の様子です。

野菜料理を電車内に持ち込み、3時間の旅を楽しんでいただきました。

上越タイムスでのレシピ掲載3000回の記念パーティーで料理の実験をしている様子。

新聞掲載用の料理は、旬の野菜を中心に組み立てました。

パーティーでは野菜料理をバイキング形式で提供し、600人の方にご来場いただきました。

地元の上越野菜をプロモーションしたり、

直売所で開催した枝豆のゆで方教室と試食イベントの様子。

新潟では、ゆでた枝豆をざるに山盛りにして食べます。

上越の伝統野菜「丸えんぴつなす」は、80年以上前から新潟で栽培されてきました。

上越の伝統野菜「ひとくちマクワ」はすっきりとした甘さで人気。少しひび割れたものが食べ頃。

テレビやYouTubeで野菜のすばらしさを発信してきた私が、
これまでの野菜の経験と知識を1冊に詰め込みました。
『野菜ビジネス』の世界を、ぜひお楽しみください。

地元・新潟のテレビ出演でも、野菜料理を実演。

NHKの番組では、伝統野菜の調理法を紹介。

YouTubeのライブ配信風景。特にパン作りの動画が人気のチャンネル。

YouTubeでは2013年から「やさいのひチャンネル」を開設し、家庭で気軽に作れる料理のレシピを発信しています。

野菜ビジネス

食べるのが好きな人から専門家まで楽しく読める野菜の教養

梅田みどり
Midori Umeda

All About THE VEGETABLES BUSINESS

CROSSMEDIA PUBLISHING

序章

野菜が持つ可能性

Chapter 0 :

Potential of vegetables

私がよく受ける質問に、「どんな野菜を食べたら良いのか」「栄養が豊富な野菜は何か」「どのような調理法で食べるのが効果的か」というものがあります。

これらに対する答えはただ1つ、「できるだけ多種多様な野菜を、様々な調理法で食べること」です。

なぜなら、それぞれの野菜には利点と欠点があり、これを平均化させるためには多種類の野菜を食べることが必要だからです。そして、栄養を効率よく取り入れるためには、旬の時期に収穫された新鮮な野菜を選び、それぞれの素材に合った調理法を選ぶことが大切です。

私は野菜研究家兼野菜ソムリエとして、これまで数多くの料理レシピや野菜の食べ方を提案してきました。料理を通じて多くの人と接するうちに、食事で健康になりたいと願っている人が想像以上に多いことに気づきます。

しかし、「健康になる」というのは、とても曖昧で個人差が大きいものです。人によって体の作りも違うし、健康になるための方法も人それぞれです。肉体だけでなく精神的な面も関係しています。すべての人に同じ方法が通用するわけではないのです。

野菜を食べることは健康に良いだろうと、多くの人が意識的に野菜を食べています。それでも、約60％の人が野菜不足を感じていると言われています。

家で作る料理や、コンビニ、スーパーで売っている野菜サラダや野菜ジュース、飲食店の新鮮な野菜メニューなど、選べるものはたくさんあるのに、不思議ですよね。

本書では、野菜を取り巻く様々な世界を解説していきます。そして各章は、大きく2つのテーマでゆるやかにつながっています。

1つ目は、野菜と健康との関係です。

野菜は私たちの食生活に深く根ざしています。栄養豊富で健康を支え、食卓を彩る存在として、古来から現代にいたるまで、私たちの食生活に欠かせないものです。

本の中では、野菜が人間とどのように関わってきたのか、その歴史や文化的背景について説明しています。さらに、私たちの健康にどのような関わりがあり、どのような楽しみを与えているのかを身近な商品をもとに語っています。過去から未来にわたる野菜と人間との関係に注目してお読みください。

2つ目は、環境問題や食糧問題と野菜の関係です。

世界では、環境破壊や食糧危機が深刻な課題です。野菜の生産と消費はこれらに直接的に関わっていて、持続可能な栽培方法や地球に優しい消費を選ぶことが、今まで以上に大切になっています。

各章では、持続可能な農業や食品ロスの削減、環境に配慮した野菜の選び方など、私たちが日々の生活の中でできる具体的な方法も提案していきます。

今、野菜をめぐる世界は、大きな変わり目を迎えています。

私たちが何を選んで食べるかは、ただ健康に良いという理由だけではなく、これからの食生活のあり方や、どんな食材を選ぶべきかという大きな問いを投げかけています。

この問題を解決するためには、デジタル技術の活用も鍵になります。本書は、そんな新しい時代の野菜ビジネスにチャレンジしたいと考えている人にも、お役立ていただける内容になっています。

テクノロジーの進化によって、未経験でも取り組みやすい野菜のビジネスが増えています。新しい技術を使いこなし、地域と協力し、消費者と密接に関わりながら野菜ビジネスを発展させていくために、必要なポイントを詳しく解説していきます。

ぜひお好きなところから読んでいただき、野菜についての知識を深めてください。

そして日々の食生活の中で、野菜をどのように位置づけ、どう関わっていくかという答えを見つけてほしいと思っています。

一緒に、野菜が持つ可能性を探しに行きましょう。

第2章 伝統野菜から学ぶ野菜の品種と歴史の世界
Chapter 2 : The world of vegetable varieties and history

第3章 産直野菜から学ぶ農業の世界
Chapter 3 : The world of agriculture

第4章 カット野菜から学ぶ野菜加工の世界
Chapter 4 : The world of vegetable processing

第5章 コールドチェーンから学ぶ野菜流通の世界
Chapter 5 : The world of vegetable distribution

第6章 お取り寄せに学ぶ野菜ギフトの世界

Chapter 6 : The world of vegetable gifts

第7章 「ファーム・トゥー・テーブル」から学ぶ野菜トレンドの世界

Chapter 7 : The world of vegetable trends

第8章 料理教室から学ぶ野菜料理の世界
Chapter 8：The world of vegetable dishes

第9章 プラントベースフードに学ぶこれからの野菜ビジネスの世界
Chapter 9：The future of vegetable business

第1章

野菜ジュースから学ぶ野菜ビジネスの世界

Chapter 1 :
The world of vegetable business

ALL ABOUT THE VEGETABLES BUSINESS

1

ジュースで1日分の野菜を摂ることができるのか

「最近、野菜ジュースを飲みましたか？」

こんな質問を、私の周りの友達や仕事仲間に投げかけてみました。

返ってきた答えは「コンビニで弁当と一緒に買った」「箱買いして毎日飲んでいる」「青汁のパウダーを飲み始めた」など、野菜ジュースを意識して飲んでいる人が結構いました。

さらに踏み込んで、何のために飲んでいるかを聞くと、「最近野菜不足だから」「健康にいいと思ったから」「野菜ジュースは体にいいから」といった、健康維持のために飲んでいる人が多いようでした。

こうした意見がある一方で、「糖分が多いから飲まない」「野菜ジュースは野菜の役割を果たさない」「美味しくない」といった、〝飲むだけ無駄派〟も同じくらいいました。

はたして野菜ジュースは、飲めば健康になれるのでしょうか。それとも、ただの嗜好品なのでしょうか。

日本の野菜ジュースと言えば、１９７０年代にカゴメから発売されたトマトジュースが始まりと言われています。トマトの絵が描かれた缶入りのトマトジュースが我が家にもありました。

しかし、独特の匂いやとろみ、不自然な塩分でとてもおいしいとは思えませんでした。栄養があるからと大人が飲んでいたのでしょうが、私の実家では畑で野菜をたくさん作っていたので、普通に野菜を食べればいいのにと子どもながらに感じていました。

その後、紙パック入りの飲料が広まるとともに、「野菜と果物のミックスジュース」が各メーカーから発売されました。当時、子育て中だった私は、子どもに与えるジュースには、明治の「やさいとりんご」やグリコの「幼児用野菜&フルーツ」をよく選んでいました。「どうせジュースを飲むなら、栄養も一緒に摂らせたい」という母の思いとも重なり、非常に売れていたと記憶しています。その後も消費者に支持され続け、両者とも今もなお販売されているロングセラー商品となっています。

厚生労働省の「野菜を食べようプロジェクト」では、２０１３年から新たなシーズンが始まり、「1日350g以上の野菜を食べましょう」という健康指針が全国に広まりました。

このプロジェクトでは、1日あたりの野菜摂取目標を緑黄色野菜120g、その他の野菜230g、合計で350gと定めていますが、これは量的な目標値だけで栄養面では具体的に示されていません。

しかも、野菜を摂ろうとする意識があるものの、実際に目標摂取量を毎日達成するのは難しいようで、ここ10年以上、日本人全体の平均摂取量は300gを切っています。「1日分の野菜が摂れます」と表示した飲料が近年増えているのも、この野菜の目標達成が難しい消費者への訴求効果があるからだと考えられます。

しばらくの間、野菜に果物を加えて飲みやすくした「野菜とフルーツのミックスジュース」が主流でしたが、2004年に伊藤園が発売した「1日分の野菜」が登場し話題を呼びました。まさに、1日に必要とされる350gの野菜を使用している、今までにない野菜100%飲料でした。

ただし、350g使用と言っても、実際に使用している野菜の量は540gで、その絞りかすを取り除いて350gにしています。しかも、砂糖、塩は無添加です。

搾りかすのほとんどは不溶性食物繊維で、水溶性食物繊維はジュースの中に若干残ります。ジュースのパッケージに表示されている「難消化性デキストリン」とは水溶性食物繊維のことです。

野菜１００％の飲料が浸透し始めると、各飲料メーカーからも野菜１００％を主張する商品が次々と発売されていきます。最近では、トップバリューやセブンプレミアムを筆頭に、ＰＢ商品や地域性の高い野菜１００％飲料も目立っています。

こうして開発競争が高まると、商品の質はどんどん良くなるものです。現代の野菜ジュース開発では、１日に必要な野菜の量（３５０ｇ）だけを満たすのは当たり前で、さらなる付加価値を高めることにポイントが移ってきています。

例えば、「農薬含有量が心配な輸入野菜を使わない」「糖質を減らす」「製造は日本国内に限定する」など、安全で健康的な飲料として進化してきています。

市販の野菜ジュース製法のほとんどは、加熱濃縮された後に水を加えて還元したものです。野菜の栄養素には、一旦加熱されると破壊され消滅してしまうものがあり、その筆頭がビタミンＣです。

一方、加熱に強く破損されにくい栄養成分や、加熱によってさらに体内の吸収が良くなる栄養成分もあります。その栄養成分に関しては、後に解説しますが、「ジュースで1日分の野菜を摂ることができるか」という疑問に関しては、そうかも知れないし、そうでないかもしれないという、とてもファジーな答えしかできないのが現状です。

実際、野菜ジュースのパッケージには、十分な野菜の量も栄養も満たしていると記載されていても、「あくまで嗜好品として」飲むことが推奨されています。

人の体は個体差が大きく、必要な野菜の量や栄養は個人ごとに異なるので、効果は目に見えません。いち消費者の私たちにできるのは、市販の野菜ジュースを飲んで「これで今日の野菜ノルマは達成！」と安心せず、成分表示を確認しながら野菜摂取の補助として活用することが大事です。

ALL ABOUT THE VEGETABLES BUSINESS

2

世間の健康意識と野菜ジュースの関係性

２０２０年から始まったコロナ禍により、私たちの健康に対する不安が増大しました。ウイルスが侵入しないようにマスクや除菌など、緊張感のある毎日を過ごした方も多いと思います。

その一方、外出自粛などの影響で、運動不足解消のための自宅トレーニングやダイエットがブームになりました。オンラインのヨガや、YouTubeのフィットネス動画などが話題を呼んだのもこの頃からでした。

こうした健康意識の高まりから、野菜飲料にも関心が集まり、２０２０年以降の野菜飲料市場の売上は上昇しました。特に、家庭内での野菜ジュースの需要が高まり、大型サイズの消費が拡大したと言います。

これは、野菜不足から消費が増えたというより、食事にプラスαの栄養摂取効果を期待してのことでしょう。

コロナ禍は消費者の購入先にも変化を起こしました。特にＥＣサイトからの購入が増えたため、野菜ジュースをまとめて箱買いしたり、各地域の産地直送のものを試す人が多くなりました。

また、購入者の層も広がったため、野菜ジュースに興味がなかった女性層にも、飲みやすさ重視の野菜と果汁がミックスされた飲料を中心に伸びました。

そして現在では、野菜飲料の売れ行きは落ち着いています。新商品の開発競争が激化し、他の健康補助食品の新商品も増えた結果、野菜ジュース市場は苦戦に転じたのです。

野菜ジュースと一口にいっても、缶やペットボトル、紙パック、瓶などに詰められて製品化されたものだけではありません。手作りの野菜ジュースは、飲みやすく栄養を逃さないために、機器の技術革新が進んでいます。

日本で始めての電動ミキサーが発売されたのは１９５０年頃です。食材の攪拌《かくはん》粉砕や、料理の下ごしらえに使う調理器具として発売されました。その後、家庭で簡単にジュースを作ることができる機器として電動ジューサーが発売され、１９７０年代には一般家庭の普及率は60％を超えました。

その後、１９８０年代にアメリカのカルフォルニアから広まった「スムージー」が出現します。

スムージーは、果物や野菜、ヨーグルト、果汁などをミキサーで撹拌《かくはん》して作る、滑らかでクリーミーな飲み物です。人気モデルにも好んで飲まれる、ヘルシーで栄養価の高いドリンクとして世界中で人気になりました。

日本で広まったのは１９９０年代以降ですが、美容や健康に関心が高まり新しい飲食トレンドが登場する中で、スムージーも自然と受け入れられました。

特に２０００年代初頭には、ファーストフードチェーンやカフェでもスムージーがメニューに加えられました。そこから、一般の人々にも広く知られるようになり、今ではすっかり日本の食事にも定着する飲み物となりました。

そして、この10年で流行したのが、コールドプレスジュースです。

コールドプレスジュースは、従来のジューサーよりも低速で回転する機械を使用し、低温でゆっくりと果物や野菜を圧搾してジュースを抽出します。

この抽出方法によって熱が発生せず、栄養素や風味をより多く保持できるとされています。かなり高価な機械ですが、ヘルシーで栄養価が高い飲み物として注目されると、健康志向の高い人やフィットネス愛好者の間で人気となりました。その後、コールドプレスジュース専門店やパッケージ商品としてコンビニなどでも広く販売されています。

この流行の裏には、人々が健康や美容に対する意識を高めたり、新しい飲み物の体験を楽しみたいという消費者のニーズが影響しています。

野菜レストランを経営している知人も、このコールドプレスジュースの機械をいち早く購入し、栄養価の高い野菜ジュースを提供し始めています。実際にいただいてみると、野菜のクセがなく甘さもあってとてもおいしいジュースでした。

そんな知人の悩みは、残った搾りかすの利用法でした。「パンに混ぜ込んでみたり、ハンバーグに混ぜ込んだり色々試している」と試行錯誤している様子でしたが、ついに「数種の野菜（搾りかす）入りハンバーグ」としてメニューに加わったようです。

絞りかすは食物繊維の固まりなので、パンやケーキの生地に混ぜ込みやすく、野菜の色や食物繊維という付加価値が加わります。最近では、ジュース専門店とベーカリーの循環型経営をする会社も目立つようになりました。

このように野菜飲料市場は、消費者の健康意識が高まるたびに成長を続けてきているのがわかります。消費者が求めるものは、野菜の量や栄養だけでなく、甘さ控えめや低カロリー志向など多方面に広がり、野菜本来の価値にも着目した商品が開発されています。

最近の紙パック野菜飲料には「野菜の粒入り」といった表記も見られ、野菜の食感や繊維感を売りにしたものがあります。さらに、オメガ3、食物繊維、プロバイオティクス細菌、酵素などの機能成分を追加したものも目立ちます。

このように、野菜ジュースは野菜そのものに近づきつつ、野菜以上の効果を求め、より健康的な飲み物へと進化しているのです。

ALL ABOUT THE VEGETABLES BUSINESS

3
大注目の栄養素「リコピン」と「βカロチン」

「免疫力が高い」「免疫力が下がった」など、日常的に「免疫力」の言葉を目にする機会が増えました。

そもそも免疫力とは細胞の防御システムのことで、細菌やウイルスなどが侵入しないように対抗する働きがあります。体内の免疫の能力が下がると、疲れが取れなかったり、肌が荒れたり、老化が進んだりしてしまいます。さらに、風邪やインフルエンザなどの感染症にかかりやすくなり、食中毒やがんを発症するリスクも高まります。

また、最近の研究では、様々な不調や病気の原因の1つに、活性酸素が関係していると指摘されています。

通常、私たちの体には高い酸化力を持つ活性酸素があり、体内に侵入した異物を攻撃しながら健康を守ってくれています。しかし、精神的なストレスや紫外線、飲酒や喫煙習慣、食習慣の乱れ、環境汚染などの生活要因によって、現代人は活性酸素が必要以上に増えやすい環境に置かれています。

増えすぎた活性酸素は、自分の遺伝子やタンパク質を攻撃し、体内に炎症を起こしやすくしたり、免疫機能を低下させてしまったりするのです。

日頃から活性酸素を必要以上に増やさないのが健康維持にとって大事ですが、それにはバランスの取れた食事、適度な運動習慣、十分な睡眠が大切です。特に食事では、日常的に抗酸化力の高い栄養素を摂り、活性酸素を増やしすぎないようにすることが必要です。

私たちの健康維持に欠かせない、抗酸化力の高い栄養素として注目されているのが、カロテノイドの天然色素であるリコピンとβカロチンです。

まずリコピンは、トマトや金時にんじん、スイカ、柿、すもも、ピンクグレープフルーツ、パパイヤ、マンゴーに多く含まれています。

加熱しても栄養素が壊れにくいだけでなく、加熱によって吸収率が上ります。油脂と一緒に摂ればさらに吸収率が上がるので、パスタではトマトソースを選ぶ、朝はトマトジュースを飲むといった習慣を身につければ、無理なくリコピンを摂ることができます。

日常的に料理をする方なら、トマトピューレやトマトの水煮を常備し、いつでも使えるようにするのもおすすめです。私も肉や魚料理に加えたり、スープに加えたり、カレーの隠し味に入れたりと調味料のように使っています。これはケチャップでも同じ効果があるので、トマトが苦手な人も取り入れやすいのではないでしょうか。

もちろん、生のトマトをそのまま食べるのもおすすめです。加熱したものに比べるとリコピンの吸収率は若干下がりますが、オイルを含んだドレッシングをかけるだけで吸収率を上げられます。さらに加熱加工したものにはない、ビタミンCなどの栄養素を取り込むことも可能です。

リコピンは赤い色素に含まれているので、買う際はぜひ色が真っ赤なトマトを選んでください。リコピンは、体内に取り込んだ後も比較的長く蓄積されるので、少しずつ継続的に摂ることで効果も増します。

次に、βカロチンは緑黄色野菜に多く含まれ、にんじん、ほうれん草、ケール、かぼちゃ、ニラなどに多く含まれています。βカロチンもリコピンと同様、加熱しても壊れにくく、油脂と一緒に加熱して摂ると吸収率がアップします。

にんじんに含まれるβカロチンは、細かく砕くことでも吸収率が上がります。そのため、市販の野菜ジュースではβカロチンが摂れる野菜として定番になっています。

βカロチンを効率的に摂取するための調理のポイントは、高温で長時間加熱せず、短時間でさっと加熱することです。それによってβカロチンが残りやすくなるので、普段から緑黄色野菜と油を組み合わせた料理を意識するのがおすすめです。

βカロチンは、体内に吸収されると必要な分だけビタミンAに変換され、ビタミンAとしての効果を発揮します。ビタミンAはレバーなどの主に動物性食品に多く含まれていますが、これだけを過剰に摂取すると肝臓に負担がかかってしまいます。

その点、βカロチンは体内で必要な分しかビタミンAに変換されないので、直接ビタミンAを摂取するよりも効率的と言えます。

今の環境を変えたり、精神的なストレスをすぐになくすのは難しいものですよね。そこで、リコピンやβカロチンを無理のない範囲で食生活に摂り入れてみてはいかがでしょうか。継続することで少しずつ免疫力が上がってくることを期待しましょう。

ALL ABOUT THE VEGETABLES BUSINESS

4

ナス科の野菜でアレルギーを引き起こす理由

ここからは、野菜が原因で引き起こすアレルギー症状について説明します。現在食用されている野菜の中には、ナス科のものがいくつかあります。主に、なす、トマト、じゃがいも、ピーマン、パプリカ、とうがらしなどです。あまり知られていないものとして、クコの実や食用ホウズキもナス科の仲間です。

これらの野菜のうち、特になす、トマト、じゃがいも、ピーマンは日本人が好きで料理にもよく使われています。旬は初夏から初秋にかけてですが、今は季節関係なく手に入るので、料理にはなくてはならない食材となりました。

ナス科の野菜には、食中毒に似たアレルギー反応を示すものがあるのをご存知でしょうか。これは、ナス科の野菜に含まれるアルカロイドという物質で、医薬品にも使われているものです。この成分はもともと天然に備わっているので、個体によっても成分量に差があります。

アルカロイドは有益な効果をもたらす一方で、個人的な要因によって有害に働く場合も少なくありません。

ナス科の野菜に含まれるアルカロイドの1つはソラニンです。昆虫やその他の外敵から身を守るための防御システムとして働き、光を浴びると生成されやすくなります。じゃがいもの皮や芽に多く含まれ、収穫後のじゃがいもの表面が緑色になるのも、このソラニンが原因です。

ソラニンは人体に有毒となる可能性があり、皮が緑色になったじゃがいもを食べたことによる食中毒は、毎年夏に多く起こっています。ソラニン中毒の症状には、吐き気、嘔吐、下痢といった胃腸の問題が多いのが特徴です。じゃがいものソラニンは、地表に出て光を浴びた部分や、未熟な実や芽に多く含まれています。

よく小学校の授業で、未熟な状態のまま掘り起こしたじゃがいもを窓辺に並べ、太陽の光を当てていることがありますよね。これは、わざわざアレルギーを引き起こす原因を作っている行為です。特に体の小さな子どもにとっては深刻な被害になりかねないので、周知を徹底させることが必要です。

じゃがいもに含まれるソラニンとよく似た構造を持つ成分に、トマトが生成するトマチンがあります。

これはトマトが青く未熟な時期に多く生成され、完熟になるとなくなります。未熟なうちに外的に攻撃されないよう、毒性のある物質を生成していることがわかっています。

トマチンによる食中毒では、嘔吐や下痢を引き起こし、不整脈や呼吸困難になることもあるので、緑色のトマトの食用は避けるのがいいでしょう。

ナス科の野菜に含まれるアルカロイドのもう1つに、ニコチンがあります。これはタバコなどに含まれる成分と同様のものですが、ナス科の野菜に含まれるニコチンは、タバコのそれと比べると濃度は大幅に低いので、それほど心配はいりません。

さらに、なすやトマト、じゃがいもにはヒスタミンが含まれます。

ヒスタミンはサバやイワシ、マグロなどの魚に多く含まれていますが、ナス科の野菜や他の一部の野菜にも含まれています。ヒスタミンは粘膜に触れたり、体内に入ることでアレルギー症状を引き起こしますが、それは仮性アレルギーといってアレルギーの免疫を持たなくても引き起こされます。

症状はたいてい1時間以内に起こり、発疹、皮膚の赤み・かゆみ・腫れ、嘔吐、下痢、腹痛、頭痛、めまいなど様々です。ヒスタミンは熱に強く、加熱調理をしても分解しないので、煮たり焼いたりしても減ることがないので注意が必要です。

私はある時から、なすをたくさん食べるとお腹が張り、最悪な場合、激しい腹痛に襲われるようになりました。これも、ヒスタミンによって引き起こされた症状です。少量なら問題はないのですが、なすの漬け物や焼きなすを食べすぎたときは大変です。

「秋茄子は嫁に食わすな」ということわざも、私のように腹痛を起こさないようにと気遣ったものなのかもしれない、と思うようになりました。

ナス科の野菜によるアレルギーは、触れた手にも起こります。なすやトマト、ピーマンを素手で大量に調理する場合にも、アレルギー性の皮膚炎が起こることがあります。

これは接触機会の多さや、接触している肌のバリア機能の低下などによって引き起こされます。また、唇や口腔内もアレルギー性の皮膚炎が起こりやすい場所です。

私の場合、大量のなすやトマトを切ったときや、塩もみしたなすの水分を絞ったり、茹でたなすの皮をむいたりしているときにその症状が起こります。

主に手の触れている部分にピリッとした刺激を感じたかと思うと、次に強いかゆみが出てきます。そのかゆみは水で洗ってもなかなか収まらず、見ると小さな赤い発疹ができているのです。

このようにならないための対策としては、トマトやなすを大量に調理する際は、必ず手袋をつけ、素手では触らないようにすることです。

野菜に含まれるアレルギー物質に関しては、複雑な要因が関係しています。これはナス科の野菜だけでなく、他の科に属する野菜も同様です。

長い年月を経て、野菜はそれぞれの種子を守るために進化してきました。アレルギーに対する理解が進むにつれて、今後はより具体的な要因やメカニズムが明らかになると思います。ともかく、アレルギーの症状が出た場合は医師に相談し、適切な治療とアドバイスを受けるようにしてください。

ALL ABOUT THE VEGETABLES BUSINESS

5

体の水分バランスを整える「カリウム」

野菜に含まれる成分には、むくみなどの不快な症状を和らげてくれるものがあります。お酒を飲んだ翌日や、睡眠不足、立ちっぱなしなど、様々な原因で引き起こされる「むくみ」の症状には、日本人の多くの人が悩まされています。特に女性は、妊娠や月経周期などでホルモンのバランスが変動するたびにむくみやすくなります。

病気によるむくみを除いて、むくみとは、皮膚の下に余分な水分がたまっている状態です。通常体内の水分は、動脈から身体の各組織ににじみ出て、役目を終えると静脈やリンパ管に戻ります。

しかし、何らかの原因で静脈やリンパ管に回収されにくくなると、たまった水分で皮膚がふくらんだような状態になり、むくみが起こります。

日常的に起こるむくみは顔や手足など局所的に起こりますが、むくみの原因は様々です。むくみの原因となるシーンをいくつかご紹介します。

○原因1　長時間のデスクワークや立ちっぱなし

同じ姿勢が続くと、重力によって足に血液がたまりやすくなります。同時に筋肉の活動が不足するので、足の血液やリンパ液の循環が減少し、ふくらはぎがむくみます。

○原因2　アルコールやカフェイン

アルコール飲料やコーヒーや緑茶をたくさん飲むと、利尿作用が進んでどんどん水分が体から出てしまい、体内の水分バランスが崩れます。特にアルコールを摂取すると血管が広がり、血液中の水分が皮下組織にもれやすくなることで、手や顔にむくみが出ます。

○原因3　塩分の多い食事

塩分の多いものを食べる食習慣があると、体内の塩分濃度が上がり、その塩分が引き金となって水分をため込もうとします。その結果、血管内の水分が増え、組織内にもれ出すことで手足や顔がむくみます。

○原因４　体が冷える

体の冷えによって血行不良体が起こると、血液の循環が悪くなり、水分が体外に排出されにくくなります。たまった水分は血液中やリンパから皮下組織にたまります。

○原因５　睡眠不足

睡眠不足は自律神経が乱れやすくなり、心臓などの機能が低下して血液の循環が悪くなります。それによって血液中の水分の流れが悪くなり、あふれた水分は皮下組織にたまって、むくみを引き起こしやすくします。

人の体は、約60％を水分で構成されています。これらの水分は、細胞や血管の中を循環して体内の水分バランスを保ちます。また、細胞に栄養を送ったり、老廃物を除去する役割があるので、体内のどこかで流れが悪くなったり、もれ出したりすると、水分は一気にバランスを失ってしまうのです。

体内の水分バランスを調整してくれる食材には、野菜に含まれるカリウムが効果的です。カリウムはほとんどの野菜に含まれていますが、特にほうれん草、人参、里芋、さつまいも、小松菜、アボカド、枝豆、かぼちゃ、ブロッコリー、サニーレタスは多く含まれている野菜の代表です。

カリウムは水に溶け出しやすい性質を持っているので、少ない水分で蒸したり、煮汁ごと食べられる料理にしたり、生のままサラダなどで摂るのがおすすめです。

さらに、カリウムは熱によって壊れにくいので、どんな調理法でも効率よく取り入れることができます。


前記に上げた野菜は、冷凍野菜としても多く流通しています。冷凍野菜はすでに加熱加工されているものが多いので、調理の手間も最小限に、気軽にカリウムを摂取できます。

また、野菜ジュースを作る際の加熱加工でも多くのカリウムが残るので、ドリンクで手軽にカリウムを摂取するのもおすすめです。最近の野菜ジュースのパッケージには、栄養素としてのカリウム含有量が強調されているので、手軽に重要なミネラルを補給できることが注目されています。

ぜひ自分に合った方法で日常の食事に工夫を取り入れ、体内の水分バランスを意識してみてください。

ALL ABOUT THE VEGETABLES BUSINESS

6 予防医学で注目される「アブラナ科」の野菜

近頃は、これまで日本の食卓でなじみのなかったケールが、一般にも普及してきたと感じます。なぜなら、料理教室の生徒さんなどに「ケール」の食べ方を教えてほしいと言われるようになったからです。

ケールはアブラナ科の野菜に分類され、キャベツの原型とも言われています。栄養価の高さが特徴で、ビタミン類やミネラルをバランスよく含み、抗酸化作用が強い成分が多いのも特徴です。

日本人には「苦くてまずい」でおなじみ、青汁の原料として思い浮かべる人が多いのではないでしょうか。実際に、ケールには独特の苦みがあり、茎は固いので、特に生食の場合は葉の部分のみを食べるのが一般的です。

最近では、生のケールを主役にしたサラダを出す飲食店も増え、スムージー、野菜ジュースなどの原料としても使われています。もちろん、ケールが原料の青汁もどんどん進化して、負のイメージを完全に取り除いたように飲みやすくなっています。

2015年にニューヨークへ行った際、驚いたのはレタスよりもケールの方が人気だということでした。海外に行くと真っ先に現地のスーパーマーケットやマルシェをパトロールして、野菜売り場を鑑賞するのは私の旅の目的の1つですが、とにかくケールが目についたのです。

サラダ専門店に行けば、刻んだ数種類の生のケールが山盛り状態です。せっかくニューヨークに来たのだからと、前に並んでいた現地の人と同じものを注文したら、直径20cmはある大きな容器に入ったケールと鶏胸肉のサラダが出てきました。

当時のニューヨークでは、レストランでも量り売りのお惣菜コーナーでも、ケールが山盛りでした。

これはどうしたことかと聞けば、栄養価の高いケールに目をつけたハリウッドスターが、ダイエットのために食べ始めたことで注目され、ブームに火がついたそうです。

その栄養素の高さから、健康や美容に関心の高いニューヨーカーたちの間で「スーパーフード」と言われ、あっという間に定着したのです。

ケールのほかにアブラナ科の野菜で代表的ものに、キャベツ、白菜、大根、かぶ、ブロッコリー、カリフラワー、菜の花、小松菜があります。

日本では、数年前からブロッコリーの栄養素が注目され、「完全栄養食」などと言われ、空前のブロッコリーブームになっています。

ブロッコリーの食用部分は集合した花蕾《からい》と茎ですが、成長段階ではケールと見分けがつかないほど似ています。ブロッコリーは、野菜の中でもタンパク質が多く、ビタミンCやβカロチン、鉄分なども豊富に含んでいます。

しかし、注目すべきはそれだけではありません。

例えば、皆さんはブロッコリーを噛んだとき、少しほろ辛さを感じたことはありませんか？　これは、ブロッコリーだけでなくケールや他のアブラナ科の野菜でも同様に感じられる辛味です。

アブラナ科の野菜に含まれる「グルコシノレート」は、刻んだり噛んだりしたときに酵素が働き、辛味成分に変化する化合物です。この「グルコシノレート」は、ホルモンの代謝を変え、がん予防や炎症の予防に有効ということが、様々な研究からわかっています。

理化学研究所では、アブラナ科の野菜の研究で「グルコシノレート」を作るための鍵となる遺伝子ＰＭＧ１を世界に先駆けて発見しました。これによって、野菜の「グルコシノレート」量を調節できるようになるというのです。

「グルコシノレート」を増やして、健康にいい野菜を作れたり、「グルコシノレート」を含む野菜の細胞からがんの予防薬を大量に作れることも可能になるのです。

将来的には、アブラナ科の野菜だけでなく、様々な野菜でもがん予防成分を作ることができれば、野菜を食べながらがんの予防をすることができるようになるかもしれません。

個人的には、アブラナ科の野菜を食べ続けるごとに健康効果を実感しているので、今後も目が離せない野菜のひとつです。

ALL ABOUT THE VEGETABLES BUSINESS COLUMN

「カゴメ」の野菜摂取不足への取り組み

現代は忙しい人が多く、健康を維持するためにも野菜の栄養を効率良く摂りたいと考えています。毎日自炊し、人より野菜を食べる習慣がある私でも、もっと効果的に野菜の栄養が摂れたらいいなと思うことがあります。

毎日の食事で、バランスよく栄養を摂ることがいいとされていても、それを毎日継続していくのはとても難しいことです。体の中で起こっていることは目に見えませんし、個人レベルでどんな栄養が足りなくて、どんな栄養が必要なのかを知ることは簡単ではありません。

そもそも、私たちはなぜ野菜を食べなければならないのでしょうか。

野菜をたくさん食べる食習慣に期待されているのは、便秘を解消して水分や血液の代謝を良くし、体重コントロールに効果があること。また、消化器系のがんや循環器疾患、新型糖尿病の一次予防に効果的だという報告もあります。

厚生労働省が推奨する「１日に必要な野菜３５０ｇ」の根拠は、循環器疾患やがんの予防に必要なカリウム、食物繊維、抗酸化ビタミンを摂るために、このくらいの野菜量を摂れば安心という目安です。

同省が令和1年に行った野菜摂取量の調査では、男女ともに20代から40代がもっとも摂取量が低く、60代から高くなっていきます。また、世帯所得別では、所得が低くなるにつれて野菜の摂取量は減少傾向です。

20代から50代にかけては、同じ調査内で外食や持ち帰り弁当、惣菜配食サービスの利用が高く増え続けています。このことからもわかるように、野菜摂取量と食事習慣の関係はかなり密接です。

現在の日本では、年齢や経済状況の違いによる健康格差を減らすことを目標にしているものの、ここ10年間を見ても野菜の摂取量の平均値は300g以下にとどまっているのが現状です。

こういった背景から「野菜摂取不足」という課題に対して、様々な企業で取り組みがされています。その動きをリードしている「カゴメ」の取り組みをご紹介します。

カゴメでは、「トマト」の会社から「野菜」の会社になることを掲げ、「日本の野菜不足の解消を目指す」として、商品の開発や健康価値情報の提供に取り組んでいます。２０２０年から始まった「野菜をとろうキャンペーン」では、日本の野菜不足をゼロにすることを掲げています。

まず、野菜不足を自覚してもらう取り組みとして、カゴメ独自のデバイス「ベジチェック」で野菜摂取量を見える化できるようにしています。野菜（主に緑黄色野菜）のカロチノイドという色素成分には、リコピン、βカロテン、カプサイシンなど栄養素が含まれ、食べてから2～4週間かけて皮膚に蓄積します。「ベジチェック」では、センサーに手を約30秒当てるだけで手の皮膚に含まれるカロチノイドの量を測定し、野菜がどのくらい足りているかを数値で示してくれます。

他にもカゴメでは、野菜の必要性や野菜の上手なとり方を知ってもらうためのイベントを開催しています。

日本人の１人あたりの野菜摂取量は平均２９０gで、ここ10間変化がありません。１日に必要な摂取量に60g足りていないということで、「野菜をあと60gとろう」をスローガンに掲げ、多くの企業や団体と協力して一大キャンペーンも行っています。

野菜を食べることは、私たちの健康維持にとって必要不可欠です。野菜の栄養成分を体内に取り込むことで病気を防いだり、健康で生きることが期待されます。しかし、多くの人が十分な野菜量を摂るということを難しいと感じているのも現実です。

私が実践しているのは、タンパク質のおかずに対して見た目で2倍量の野菜を添える、味噌汁には野菜をたくさん入れる、生野菜ではなく炒めたり煮たりするなど、野菜を食べる習慣を自分で作り、意識を向けるようにしています。

そうすると、野菜不足を肌で感じられるようになり外食でも野菜の多いメニューを選んだり、野菜料理を1皿追加したりするようになるのです。

とはいえ、できないときは気にせずに次の食事で多めに食べたり、3日間の食事で帳尻を合わせるといった具合に、大体1週間位の間で野菜の量を平均化していればいいことにしています。

最近野菜が足りないなと感じたら、毎日の食事にあと少しの野菜を加えることから意識してみてはいかがでしょうか。難しく考えずに、市販のものをうまく取り入れるだけでもいいのです。

第2章

伝統野菜から学ぶ野菜の品種と歴史の世界

Chapter 2 :

The world of vegetable varieties and history

ALL ABOUT THE VEGETABLES BUSINESS

1

縄文時代から食べられていた野菜とは何か

皆さんが住んでいる地域には伝統野菜はありますか。住んでいる地域の伝統野菜は知らなくても、普段食べている野菜とは違う色や形のものを旅先で見かけたことがあるかもしれません。

近年になって、古くから日本各地で親しまれてきた野菜を復活させようという動きが広がっています。そこでこの章では、日本の食文化を支えてきた伝統野菜を題材にして、野菜の歴史と品種について解説していきます。

現在、日本で一般的に出回っている野菜の種類は約100種で、地方のものを加えると140種程度あります。

その中で伝統野菜は、「在来種」や「固定種」とも呼ばれ、種を採取し大切に保存しながら代々受け継がれてきました。そして、その長い歴史の中で、時代の変遷や政治的な影響を大きく受けた野菜でもあります。

もともと日本に自生していた野菜は、現在の山菜と称されるものがほとんどでした。品種としては、ウド、フキ、ミツバ、オカヒジキ、セリ、ジネンジョ、ショウガ、サンショウ、など20種類程度だとされています。

一方、現代の私たちが食べている野菜のほとんどは、外国で生まれたものです。古い時代に、中国やアジア諸国、ヨーロッパから渡来し、栽培されるようになりました。その後、自家採種を繰り返しながら、日本の各地の気候風土に合った形質の野菜が定着しました。

野菜の品種と渡来時期は、日本の伝統野菜を語るときに外せないものです。ここからは、古代から日本で食べられていた野菜の品種と渡来ルートを、歴史に沿って見ていきます。

◯縄文・弥生時代（中国大陸・朝鮮半島ルート）

自生の山菜に加え、マクワウリ（メロン）、ユウガオ、シソ、カラシナ、サトイモ、カブ、緑豆、ゴボウなどを収穫し、半栽培していたことが、遺跡から出土した種などからわかっています。また、中国の「魏志倭人伝」の中には、3世紀前半の邪馬台国（現在の日本）の野菜としてショウガ、サンショウ、ミョウガの記載があります。

○奈良・平安時代（中国大陸・朝鮮半島ルート）

この時代は、近隣諸国との往来が盛んになり、遣唐使の派遣などによってたくさんの品種の野菜が渡来しました。ナス、チシャ（レタス）、キュウリ、トウガン、フジマメ、エンドウ、ネギ、ダイコン、ラッキョウ、ニンニク、タケノコ、ハス（レンコン）などは栽培され、販売も盛んに行われました。

特に、奈良時代には日本に節句の習慣が導入されたことで、この時代までに存在した野菜を中心に日本人の食文化が作られていきました。

現在、各地で伝統野菜に認定される野菜の多くは、この時期に食べられていたものが多く、縁起が良いものとして、正月料理に欠かせない野菜が多いのも特徴です。

○戦国～江戸時代（中国大陸・朝鮮半島・西欧ルート）

キリスト教などの伝来や、長崎、平戸の開港によって西欧文化が入ってきました。

それまでの中国大陸やアジア地域から渡来した野菜に、ヨーロッパ方面からの野菜が加わります。ジャガイモ、トウガラシ、スイカ、キャベツ、セロリ、ビーツ、サツマイモ、トウモロコシ、ニガウリ、シュンギク、ソラマメ、エダマメ、ナタマメ、ニガウリ、ヘチマ、東洋系ホウレンソウ、東洋系ニンジン、ニホンカボチャなどです。

江戸時代には、参勤交代などで地域間の野菜の伝来が盛んに行われたことで、各地で様々な野菜が作られるようになりました。様々な食べ方が記録された書物も多く残っていることから、この時代の平和と食生活の豊かさが伺えます。

◯幕末～明治時代

明治時代には、文明開化や富国強兵の一環として、外国との往来が意欲的になったことで、多くの野菜が積極的に導入され、各地で試作が行われました。

特にトマト、タマネギ、キャベツは日本に定着し、日本独自の品種も開発され始めました。西洋カボチャ、ピーマン、オクラ、アスパラガスなど多くの西洋野菜のほか、白菜、ツケナ、タアサイ、チンゲンサイなどの中国野菜も栽培されるようになりました。

このように、古代からの野菜の品種を紐解いてみると、この時代にすでに存在していた野菜が、日本の食文化を守ってきたことがわかります。

今を生きる私たちが、古代の日本人や歴史上の人物と同じ野菜を食べているかと思うと、不思議な感覚に包まれます。古代の食卓に並んでいた野菜たちは、これからも食の歴史の一部として受け継がれていくことが大切です。

ALL ABOUT THE VEGETABLES BUSINESS

2 昭和時代は野菜の大変革期

ここからは、昭和時代の戦前、戦中、戦後で、日本の野菜がどのように変わっていったのかを見ていきます。

江戸時代からの野菜の品種改良や栽培技術の工夫は、その後の明治、大正時代にさらに進んでいきました。その結果、それぞれの野菜の栽培に適した産地が確立されていきました。

昭和時代は、国内の情勢が大きく変わる出来事が多かったので、同じ時代とは思えないくらい食生活も変化しました。それに伴い、野菜の扱われ方も大きく変動し、野菜栽培にとっても大変革期に入ります。

◯昭和前期（第二次世界大戦前）１９２６年〜１９４０年

明治、大正から受け継がれた野菜栽培は、さらなる発展期に入りました。ダイコン、ネギ、カブ、ナス、シロウリ、サトイモなどの作付面積が歴史上のピークを迎えます。明治時代に導入されたキャベツ、タマネギ、トマトは新野菜として定着し、収穫量も増加し続けました。

さらに大衆野菜ばかりではなく、高級野菜の花野菜、アスパラガス、メロンやイチゴなどの栽培も盛んに行われるようになりました。

新野菜が食材として広く受け入れられるには、一般的に手に入りやすくなることが大切です。さらに、食べ方や調理法、それを食べる機会も重要なので、その頃の女性雑誌に、新野菜の料理や栄養の知識などが掲載されて、徐々に普及していったようです。

◯昭和中期（戦中から戦後約四年間）１９４１年〜１９４９年

戦争が始まると配給制度が強化され、野菜の市場は政府の統制下に置かれました。それによって、サツマイモやカボチャなどは価格が統一化され、品質が良くても高く売れない、質より量の時代に入っていきます。また、栽培される野菜は限定的になり、放置されて野生化するものも増えていきました。

サツマイモなどのでん粉を多く含む作物の生産は増えましたが、イチゴ、メロン、マクワウリなどの果物のような野菜（果実的野菜という）は緊急性が低い作物とみなされ、生産が制限されるようになりました。

当時は多くの作物が栽培をコントロールされたことで、青果物の行商がなくなり、自家栽培を除いてイモ類やカボチャなど、主食代わりになる野菜だけが手に入る時代でした。

つまり、昭和中期の野菜は、食事を豊かにする副食品ではなく、空腹を満たし、主食を補うカロリー源として重要だったのです。また、終戦の年は主食の米が凶作だったので、サツマイモの茎や葉まで代用食とされ、緊迫した食糧事情だったことが想像できます。

○昭和後期（戦後の復興期）１９５０年～

生存することに必死だった期間が終わり、日本人はようやく生活を取り戻しました。

しかし、人口の集中していた農村から再び都市部に人口が移りはじめ、野菜の生産者不足と資材の不足から、戦前の収穫量を上回るまでには相当な時間がかかりました。

核家族化が進んで家族の人数が少なくなり、冷蔵庫が普及したため、それまで良いとされた白菜、ダイコンなどの大型野菜が好まれなくなっていきました。

さらに、戦時中の花形だったでん粉質の多いカボチャ、サツマイモ、ジャガイモなどの野菜は、食べすぎた反動もあって毛嫌いされるようになり、栽培数は減少します。

やがて政府の統制がなくなると、各地で伝統的な野菜の栽培が再開されました。しかし、復活できないほど破滅的状態になった品種も少なくありません。

例えば、ダイコンは、もともと同じ系統から様々な品種が生まれやすいため、日本の中でも200種類近くあるとされています。それにもかかわらず、現在市場で見られるダイコンは「青首大根」をはじめとする数種類に限られています。出荷できる品種が統一され、その他のダイコンは出回らなくなったため、戦後に多くの品種が絶滅しました。

それでも、地方特有のダイコン品種には栽培され続けているものがあります。桜島大根や三浦大根、練馬大根、聖護院大根、守口大根、亀戸大根など、地名のついたダイコンが多く、地域で大切に守られてきました。これらの品種は、最近になって見直されるようになりましたが、流通はほとんどしていないのが現状です。

戦後の復興とともに、日本は急速に飽食の時代へと向かっていきました。

作りやすい、出荷しやすい、おいしいと、いわゆる効率の良い野菜が良いとされる時代になるにつれ、在来種と言われる野菜の多くが消えていきました。

そして、長い間主流から排除され、私たちの食卓から姿を消すことになるのです。

ALL ABOUT THE VEGETABLES BUSINESS

3 洋食化が変えた日本の野菜文化

戦後は物不足や凶作などが相次ぎ、飢餓の時代が続きました。日本国民の食糧が安定的に供給されるようになったのは、1950年代に入ってからでした。高度成長期に入ると、日本の食生活は大きく変化します。政府の政策やメディアなどの影響で、和食中心の食生活が洋食へと変化し始めました。この洋食化の流れは野菜の種類にも影響を与え、日本でよく食べられる野菜が大きく変わるきっかけとなりました。

ではなぜ、戦後の日本の食生活は一気に洋食化したのでしょうか。その理由を簡単に説明します。

①アメリカからの小麦粉と大豆油脂の大量輸入

１９５５年頃、アメリカから小麦粉や大豆油脂の大量輸入が始まりました。戦後に栄養失調が多く見られたことによって、パンや揚げ物などの高カロリーな食事が推奨されるようになりました。

②学校給食の本格化

１９５４年に学校給食法が公布され、日本全国で学校給食が本格化しました。給食用に小麦粉10万トン、脱脂粉乳７５００トンの輸入が始まり、パンとミルクが日常的になりました。給食では、アメリカからの輸入食材も使われて、洋食のメニューが多く登場しました。

③メディアによる家庭料理の変化

１９５７年頃から主婦向けの雑誌によって、洋食や中華料理のレシピが一般家庭にも広まりました。ＮＨＫの「きょうの料理」や「キューピー3分クッキング」が始まったのもこの頃からです。カレーライス、ナポリタン、ハンバーグ、フライ、炒飯、餃子などが家庭料理の定番になっていきました、

④生野菜のサラダが普及

１９６４年の東京オリンピックとその後の万国博覧会をきっかけに、日本で生野菜のサラダが広まりました。生で食べる野菜は加熱による栄養損失がないため、栄養価が高いとされ、それまで生の野菜をあまり食べなかった日本人にも好まれるようになりました。

さらに、サラダ用ドレッシングの新商品が次々と開発され、ますます生野菜の需要が増えていきました。

⑤ファミレスやファーストフード

１９７０年代にはファミリーレストランが現れ、その後のファーストフードの広まりとともに、リーズナブルな価格の洋食が広まりました。

ハンバーグやステーキなどの肉料理が一般的になり、プロの料理人の間では、和洋中の組み合わせ料理が増えました。伝統的な日本の料理にも洋風の工夫が加えられるようになり、創作料理というジャンルが浸透していきました。

経済が回復するにつれ、日本人の食生活は「米・魚・みそ汁」に象徴される和食から、「パン・肉・牛乳」を中心とした洋食へと変わりました。

この変化に対して野菜の種類も変わり、生で食べられる野菜や肉料理、洋風料理に合う野菜の人気が高まりました。この頃大きく需要が増えたのは、キャベツ、レタス、きゅうり、タマネギ、トマト、ピーマン、ジャガイモなどです。

これらの野菜は江戸時代に日本に入ってきましたが、主に観賞用でした。実際に栽培されるようになったのは明治時代になってからです。

例えば、タマネギは明治時代にアメリカから輸入した「イエロー・グローブ・ダンバース」の種が北海道と大阪で栽培に成功し、日本全国に広まりました。

タマネギは、茎が育って球状になりますが、適切な環境がそろわないと、この球が育たず球形になりません。品種の選択と栽培に適した土地を見つけたことで、タマネギは広く普及することができました。現在、日本で栽培されるタマネギの多くは、長期保存に向く辛味が強い品種です。洋風料理や肉料理によく合い、使いやすい野菜の1つになっています。最近では、春には辛味の少ない、サラダ向きのタマネギもよく見られます。

洋食文化の浸透により、洋風や肉料理に合う野菜が主流になると、ダイコンや白菜、ゴボウ、レンコン、サトイモなどの和食に合う野菜は減少していきました。

ALL ABOUT THE VEGETABLES BUSINESS

4

経済が安定すると、野菜の生産は安定期に入る

現代では、季節や場所を問わずにさまざまな野菜を手に入れることができます。この便利な状況を支えているのは、１９６１年に制定された「野菜生産出荷安定法」によるものです。この法律は、国内の野菜をいつでも安定して供給するために作られました。

１９５０年代から日本経済は急速に成長し、高度成長期に入りました。国民の所得が増えて食生活が豊かになり、野菜の需要も増えていきました。

都市部に人口が移行すると、農村部では人手が足りなくなり、農業の体制を整えることが必要になっていきました。野菜の生産は天候や病気の影響を受けやすく、予定通りに収穫できない場合、農家の生活や国民の食生活にも影響が出てしまいます。また、都市部で野菜の需要が増えると、全国的な野菜価格に反映じてしまうこともあります。

野菜生産出荷安定法が制定されたことにより、都市部での高い需要に応えるために、野菜を安定的に生産し、計画的な出荷を目的とした「指定産地制度」がスタートしました。

この制度では、年間を通じて特に需要の多い野菜について、品目ごとに産地を指定し、生産量の調整や品質向上などを行います。市場に出回る野菜の量と品質を安定させることができ、同時に生産者の経済的な安定も図られます。

現在、この制度によって指定されている野菜は14品目で、にんじん・大根・里いも・なす・トマト・ピーマン・ほうれん草・ねぎ・玉ねぎ・じゃがいも・白菜・キャベツ・きゅうり・レタスが含まれ、２０２６年には、ブロッコリーも加わる予定です。

例えば白菜については、春、夏、秋冬と、同じ品種の中で収穫時期によって種別が分けられ、14品目の野菜で合計30の種別に対して、８６７の産地が指定されています。

産地に指定される条件には、作付面積の基準があり、おおよその出荷量と出荷時期が品種ごとに決められています。特にキャベツは、40近くの都道府県に指定産地があり、広範囲にわたって生産される唯一の野菜となっています。

指定野菜を育てる生産者は、市場の需要に応じた生産計画を立て、生産量の過剰や不足を防ぐことが可能になります。さらに技術支援や共同出荷により、高品質な野菜を安定的に生産し、市場競争力を高めることができます。

また、不作や災害等で野菜の収穫が減ってしまうなどのリスクを減らすため、保険制度や政府の支援策が用意されています。これらのサポートにより、生産者は安心して生産活動に取り組める環境が整っているのです。

指定産地制度の導入により、野菜の安定供給と品質向上が実現しましたが、その結果として、競争が激化し、統一されたサイズや形の野菜の生産が求められるようになりました。この流れは、規格に合わず個体差が大きい在来種を市場から徐々に排除してしまいました。さらに、収穫量が多く病気に強い品種への改良が進んだことで、伝統的な品種の栽培が減少しました。

にんじんを例に上げると、日本で初めて栽培されたのは紫、黄、白色の東洋系品種です。明治から大正時代にかけては、滝野川大長《たきのがわおおなが》にんじんや金時にんじんといった東洋系の品種が主流でした。指定野菜になってからは、栽培が効率化・機械化され、洗いやすく作業しやすい西洋系の五寸にんじんが主流になりました。これにより、ほとんどの東洋系品種は栽培されなくなり、金時にんじんや島にんじんなどの品種がわずかに残るのみとなりました。

ちなみに、にんじん特有の臭みは西洋系のにんじんに多く、栄養価を高めるために品種改良された結果だといわれています。伝来当初、日本で東洋系のにんじんがすぐに普及したのは、甘く美味しく食べやすい野菜だったからです。

ALL ABOUT THE VEGETABLES BUSINESS

5

F1品種の台頭と野菜の品種改良

ここからは、野菜の品種改良の歴史とともに、野菜の世界でよく使われる「F1」という品種について解説していきます。実はこのF1は、私たちが普段食べている野菜に深く関係しています。

F1とは、野菜の品種の専門用語です。特に優れた特徴を持つ親同士を組み合わせ、品種改良した最初の世代を指します。この言葉はFilial 1（フィリアル1）の略で、第1世代を指し、F1種、交配種、ハイブリッド品種とも呼ばれています。

異なる品種の優れた特性を組み合わせることで、成長が均一で育ちやすく、収穫量も多く望めます。さらに、病気や害虫に強い性質を持つことが期待されている品種改良の方法です。

F1品種の開発によって、農家は安定した収穫ができるようになり、私たち消費者は味や品質の良い野菜を、いつでも手に入れられるようになりました。現在スーパーマーケットなどで売られている野菜のほとんどがF1品種です。

野菜の収穫量は、使用する品種と栽培方法によって大きく変わります。そのため、より良い品種を開発し、優れた品種を育てることに、古くから関心が持たれてきました。

戦前までは、同じ品種から性質が変化した変異株を選び出し、その種を何度も植えて純度の高い品種を作る「選抜育種」が中心でした。しかし、戦後になるとF1品種（第一世代の交雑種）の開発が主流となり、異なる品種同士を交配して両者の優れた特性を持つ新品種を作り出す「交配育種」が中心になっていきました。

ここからは、日本での品種改良の流れを時代別に説明します。

◯江戸時代・明治時代

野菜の品種改良は主に「選抜育種」によって行われていました。在来種や西洋から持ち込まれた野菜から、外見などに特徴的な変異が見られた個体を選び出し、長い年数をかけて丁寧に育てることで新しい品種を作り出していました。

例えば、サツマイモでは、つるや皮の色が変異したものを選び出し、それを新品種として改良が行われました。また、白菜の品種改良は特に苦戦し、明治時代に20年の歳月をかけて、葉が内側に巻き込む形状の美しい白菜を完成させることに成功しています。

◯大正時代・昭和時代

大正時代から昭和時代にかけて、技術の進展とともに野菜の品種改良はより活発になりました。野菜ごとの特性に合わせて、「選抜育種」や「交配育種」などの方法が試されました。特に大正時代には、世界で初めてなすのF1品種を作り出すことに成功し、この成果をきっかけに日本各地でF1品種の開発が盛んに行われるようになりました。

◯戦後

戦争で中断されていたF1品種の開発が急速に進みました。なす、スイカ、きゅうり、メロンなどは、収穫量や病気に強い特性に改良したF1品種がたくさん育てられ、新品種も多く誕生しました。例えば、「プリンスメロン」は、マクワウリとヨーロッパのメロンを交配して生み出されたF1品種で、当時の皇太子殿下（現上皇）の結婚を記念して名付けられました。このメロンは甘さが安定していて栽培もしやすいなどの利点から、急速に人気を集め、今でも露地栽培のメロンとして非常に重要な役割を果たしています。

〇高度成長期

「野菜生産出荷安定法」が施行され、特定の産地が指定されるようになりました。これによって、F1品種の開発が様々な野菜で行われるようになりました。

その後、「種苗法」が制定されると、野菜の新品種開発がより盛んになります。開発者が苦労して作り出した新品種が無断で栽培されたり、流通されないように守ることができるなど、生産者のあり方が見直されました。

〇現代

科学技術が進んだ現代の品種改良は、その野菜に合った様々な方法で行われるようになりました。

・放射線育種（現在はガンマ線照射）

人工的に突然変異を起こす品種改良の方法です。野菜では、トマトやレタスなどが品種改良に成功しています。

・遺伝子組み換え

幅広い生物の中から目的とする遺伝子を選んで、改良したい野菜の遺伝子に入れる品種改良の方法です。日本で認められているものは、大豆、菜種、トウモロコシ、ジャガイモ、綿、てん菜、パパイヤ、アルファルファ、からし菜の9作物です。

・ゲノム編集技術

野菜の特定のＤＮＡ配列を切り取り、修復することで遺伝子を変更できる品種改良の技術です。これまでに、ＧＡＶＡ増量トマトや変色しにくいレタス、種のないピーマンなどが開発されています。

野菜の歴史は品種改良と深く関わっています。

特に、戦後に開発されたF1品種は、形や味が良く栽培しやすい野菜を作り出すという点で、大きな進歩でした。ただし、F1品種は種を取ることが難しいという課題もあります。

これからは、伝統的な在来種を守りながら、新しく優れた品種の開発を進めていくことが、ますます重要なテーマとなっていくでしょう。

ALL ABOUT THE VEGETABLES BUSINESS

6

伝統野菜復活のカギを握る和食ブーム

約50年間、日本の野菜の在来種は、市場からほぼ姿を消しました。その間、地域の農家が自家用にひっそりと栽培するにとどまり、なかには消滅してしまった品種も数多くあります。しかし最近、このままでは絶滅を迎えてしまうと予想されていた在来種が、伝統野菜として再び注目されています。

ここからは、伝統野菜がどのように復活したか、その背景について説明していきます。

◯１９８０年代〜１９９０年代

１９８１年から日本で始まった「地産地消」（地域生産・地域消費）事業では、地元で採れた食材をその地元で消費することが推奨され、農村部をはじめ、各地域で農産物の自給拡大が進められていきました。

1988年には、京都の伝統野菜を守るため、「京野菜」ブランドが立ち上がり、多くの在来種が登録されました。「聖護院大根」「賀茂なす」「九条ねぎ」など、現在までに41種類が登録されています。

1990年代には、世界で「スローフード運動」が始まり、2000年から日本に浸透しました。美味しく健康的で環境に優しい食材への関心が高まり、有機野菜や無農薬野菜が注目され始めました。

◯2000年代～2010年代

2000年に入ると、日本各地で次々と伝統野菜が注目され、失われかけていた在来種を復活させる動きが高まっていきました。2002年には全国で68種類・556品の在来種が明らかになり、伝統野菜は地域のブランド化のためにも重要な素材となっていきました。

2005年には「食育基本法」が施行され、「食育」という言葉が広がっていきます。それによって、伝統的な行事や作法と結びついた食文化、地域の特色ある食文化の保護と継承が求められるようになりました。そして、環境に配慮した食料の生産と消費という考えが広まっていきます。

２０１３年には、「和食」がユネスコの無形文化遺産に登録され、日本の食文化の重要性が再認識され、伝統野菜の保存と活用への動きが加速しました。

その際に申請した「和食」の定義は次のように定められています。

・多彩で新鮮な食材とその持ち味の尊重
・栄養バランスに優れた健康的な食生活
・自然の美しさや季節の移ろいの表現
・正月などの年中行事との密接な関わり

日本人の伝統的な食文化が文化財であると認められたことで、地域の「食」の価値を明確にし、積極的に保存したり活用する取り組みが日本各地で始まりました。


日本人が古くから食べてきた和食は、日常の食事では一汁一菜か二菜で、野菜中心の脂質が少ない健康的な食事です。

節句や祭りなどの行事食は、豊作や健康、子孫繁栄を願い、病気や災害を避けるために神に捧げる食物であり、神と共に食べるものとされています。そして、限りある自然の恵みを最後まで使い切り、感謝と祈りを捧げる習慣があります。

鎌倉時代には、仏教の戒律を守る食事として精進料理が生まれ、その後、時代の流れとともに伝統的なハレの日の食事様式が確立していきました。

現在の和食の原型とも言える食事様式は、すべて江戸時代までに成立しています。室町時代の武家のおもてなし料理から成立した本膳料理、千利休の茶の湯から成立した懐石料理、江戸時代の料理屋から発展した会席料理は、日本独自の野菜を使用して現代まで受け継がれています。

山菜やにんじん、なす、れんこん、里いも、ごぼう、かぶ、大根など、季節に合わせた野菜が選ばれ、料理を物語るための重要な素材として使われています。

これらの流れを通じて伝統野菜が見直され、多くの地域で在来種が再び注目されるようになりました。一時は絶滅したと思われた伝統野菜が新たに見つかったり、特定の家族が代々保存していた在来種が再び栽培されるなど、日本の食文化が見直されるとともに伝統野菜は復活してきました。

ALL ABOUT THE VEGETABLES BUSINESS COLUMN

人はいつから野菜を食べるようになったのか

古代の人は、狩りをしながら定住の地を持たずに生活していました。その頃から、肉を主食としながらも、野生の植物も採って食べていました。

今でこそ野菜には、動物性食品にはない栄養素やビタミン、ミネラルが含まれていて生きる上で重要だということが知られていますが、古代の人がそれを知らず野菜を食べていたことを思うと、人間の体は無意識に野菜を欲するようにできているのかもしれません。

地球上でもっとも古いとされている野菜の起源は、氷河期が終わり、温暖化と乾燥気候が進んだ頃に自然発生した、イネ科やマメ科の植物だとされています。

この時期に草食動物が現れ、人類も登場しました。人々が狩りや植物を採集し、排泄、ゴミの投棄などをする中で、自然環境が大きく変わり、その環境に適した植物が発生していきました。

やがて人々は、肥沃な土地を見つけて定住するようになると、土地を耕して植物を栽培し始めるようになりました。そして家を作り、村ができ、文明が発達していったのです。

野菜の発祥の地は1つに特定することはできませんが、中国大陸、インド、マレー地域、中央アジア、地中海地帯、エチオピア、メキシコ南部、中央アメリカ、南アメリカの西部など、特に北緯二十度から四十度の間の山岳付近で多く生まれたとされています。

世界で最初の文明とされる、メソポタミア文明、エジプト文明、インダス文明、中国文明もこの一帯に当たるので、早くから文明が始まった場所と野菜の発祥の地が近いというのは、偶然ではないと思います。

人々が野菜のように植物を食べ始めたのは、雑草の中から食べられそうなものを選んで食べていたのが始まりでした。それを積極的に繰り返しながら、数千年単位の長い期間をかけて栽培植物に変化していったと考えられています。

野菜の栽培は、古代から文明や社会を支え、世界各地の発展に役立ってきました。

野菜が広まる方法は、自然によるものだけでなく、文化や宗教、学問といった人間の活動を通じても伝えられました。

野菜が遠く離れた土地にも広がった後は、その土地の特色に合わせて品種が変わり、人の手でも品種改良がされてきました。その過程で野菜の形や性質は変わっても、育つために適した温度などの生育環境は、もともとの産地の気候性を持ち続けています。

特に古くから食べられていた野菜に注目してみると、共通する特徴が見えてきます。

・とうもろこし（イネ科トウモロコシ属）
・エンドウ（マメ科エンドウ属）
・いんげん豆（マメ科インゲンマメ属）
・とうがらし（ナス科トウガラシ属）中央アメリカ、南アメリカ
・じゃがいも（ナス科ナス属）南アメリカ
・ズッキーニ（ウリ科カボチャ属）北アメリカ、メキシコ
・メロン（ウリ科キュウリ属）インド

・にんにく（ヒガンバナ科ネギ属）中央アジア
・玉ねぎ（ヒガンバナ科ネギ属）中央アジア
・大根（アブラナ科ダイコン属）地中海沿岸、中央アジア
・にんじん（セリ科ニンジン属）中央アジア
・セロリ（セリ科セロリ属）地中海沿岸

植物を分類する際には、科（Family）や属（Genus）といった階層が使われ、これらは野菜の生物学的な特徴に基づいています。

〇〇科は、似た特徴を持つ植物をまとめたもので、さらに細かく似た形や性質を持つものを分類するのが〇〇属です。

同じ科と属の野菜は、見た目や味、栄養価が似ているほか、育ち方も同じ傾向があります。また、似た遺伝子を持つので、自然に交配して新しい品種が生まれやすくなります。

例えば、にんにくと玉ねぎは共に同じ科と属に分類されるので、見た目や栄養価、栽培方法がとても似通っています。両者とも強い風味が特徴で、料理に欠かせない食材です。同時に、抗酸化物質やビタミン、ミネラルなどの栄養素を豊富

に含んでいるので健康維持に役立つ野菜として知られています。

一方、とうがらしとじゃがいもでは、同じナス科でありながら属が違うため、見た目や栄養価、味わいにも大きな違いがあります。とうがらしは辛味成分であるカプサイシンを含み、じゃがいもはでんぷん質が豊富であるなど、それぞれ独自の特性を持っています。このように、科が同じでも属が違う野菜は、関連性が少なくなります。

同じ科と属に分類される野菜は、栽培方法を共有する事になり、品種改良の現場でも重要なポイントとなります。

このような知識は、古代からの遺跡や古墳で発掘される野菜の種や、壁画に描かれた野菜などから学ぶことができます。野菜が長い間、人間の生活や文明にどのように組み込まれ、貢献してきたかという壮大な歴史は、世界各地で語り継がれています。

野菜について深く知るためには、その起源から今日に至るまでの歴史を知ることです。最初に栽培された野菜から、人々の交流で世界中に広まっていった野菜、品種改良を繰り返しながら現在に至る野菜まで、それぞれが持つ独自の物語は、時代や文化の移り変わりを映し出しています。

私たちも、野菜の歴史を感じ、その多様性を楽しみながら、未来に向けて野菜の価値を伝えていく役割があるのです。

第3章

産直野菜から学ぶ農業の世界

Chapter 3 :

The world of agriculture

ALL ABOUT THE VEGETABLES BUSINESS

1

無農薬野菜と有機野菜の見分け方

この章では、産直野菜を題材にして野菜農業について解説していきます。

最近耳にする「オーガニック野菜」「有機野菜」「無農薬野菜」。どれも体に良い健康的な野菜というイメージがありますが、その違いを正しく理解している方は少ないのではないでしょうか。同時に、野菜の農薬や化学肥料に対する不安も広がっています。

そこで、「オーガニック野菜」、「有機野菜」、「無農薬野菜」の違いについて説明します。見分け方を正しく理解できれば、もう悩むこともなくなりますよ。

まず、「オーガニック野菜」と「有機野菜」は同じものを指します。2年以上農薬や化学肥料を使わず、遺伝子組み換え技術も使用しない、有機栽培という方法で生産された野菜です。

では、具体的な有機栽培の方法とはどんなものなのでしょうか。

有機栽培を実践している知人の例を紹介します。彼の畑では、化学肥料の代わりに動物の糞や焼いた卵の殻を肥料として使用しています。卵の殻に含まれる炭酸カルシウムは、焼いて細かくすることで土壌を改善し、健康な野菜が育ちます。卵の殻が大量に廃棄されることに気づき、それを有効に利用しているということです。

有機肥料は土壌の改善に時間がかかりますが、毎年続けて行うことで効果は持続します。この取り組みによって、農薬や化学肥料の使用が不要になり、野菜が元気に育ち、害虫にも強くなったそうです。

有機野菜には「有機ＪＡＳマーク」の表示が義務づけられており、袋やシールで簡単に見分けることができます。

一方、「無農薬野菜」は具体的な基準や認証が統一されていないので、誤解を招きやすく、「無農薬野菜」という表示は使えなくなっています。そのかわりに、農薬や化学肥料の使用を基準の50％以下に抑える野菜は「特別栽培農産物」と表示され、他の野菜と区別されています。

一般の野菜でも、農薬や化学肥料を減らす取り組みが進み、食品衛生法の改正によって農作物の残留農薬の基準が厳しくなりました。

その基準値は、100トンの野菜に対して1gの農薬残留量とかなり低く設定されていて、一生涯にわたって毎日食べ続けても健康上問題ない量だとされています。

検査は、各自治体の指導計画によって行われていて、流通している野菜から一定量の残留農薬が検出された場合は、流通が禁止されることになっています。

また、化学肥料の使用削減計画も進行中です。農林水産省では2050年までに化学肥料を30%減らすことを目標にし、現在の有機栽培面積から25%拡大することを進めています。これらの取り組みにより、土壌や水源への汚染リスクが減り、温室効果ガスの排出も削減される見込みです。


日本の農業はかつて、自然のサイクルを利用した有機栽培が一般的でした。しかし農薬や化学肥料の導入が進んだことで、農業の根本が変わっていきました。

その結果、地球環境や生態系に対する影響が心配されるようになり、有機栽培が再び注目を浴びています。この持続可能な農業は、世界規模で進めることが求められています。

消費者の健康志向が高まる中で、多くの生産者も有機栽培への転換を進め始めています。

有機栽培を継続することは、土壌や水質の汚染を減らし、限りある資源を長期的に継続させていくことができます。

たくさんの微生物が活動しやすい土地では、健康的な野菜を作ることになり、消費者の健康も守られていくことになるのです。

未来の世代にも美味しく安全な野菜の提供をしていくには、科学技術の進歩を利用しながら、地域や生態系に合った柔軟な農法を取り入れていくことが大切です。

これからの農業では、有機栽培がますます重要な選択肢となっていくでしょう。

ALL ABOUT THE VEGETABLES BUSINESS

2

スマート農業で食料自給率を上げる

皆さんは「スマート農業」という言葉を聞いたことがあるでしょうか。

最近の農業では、ロボット技術やＡＩ、インターネットを使った革新的な技術が導入され、これを「スマート農業」と呼んでいます。この手法は、農業人口の減少や高齢化、それに伴う栽培技術の継承や食料自給の問題を解決するためのものです。

日本では、農業従事者が１９９５年の４１４万人から２０２０年には１３６万人に減少し、25年間で約67％も減少しました。その中でも高齢者が70％を占め、若い農業従事者が不足している現状があります。

このような状況で、農業を継続的に成長させるには、若い世代を含む農業従事者の確保や、農作業の効率化、省力化、農業技術の継承が課題となっています。

そこで、最近の野菜栽培の現場では「スマート農業」が取り入れられ、農業の課題に対する解決策として注目されています。スマート農業が実際にどのように使われているか、具体的な例をいくつか紹介します。

①垂直農法

都市の高層ビルや未使用の倉庫を活用し、階層的な栽培スペースを作り栽培する方法です。ＬＥＤ照明や自動給排水システムを組み合わせ、大規模な野菜生産が可能です。

この方法では、天候に左右されず、年間を通して栽培ができ、水の使用も10分の1にまで削減できます。ドバイなどでは、この垂直農法を駆使した世界最大の農場が建設されており、新鮮で栄養価の高い野菜が生産されています。

②養液栽培

水耕栽培の一種で、土を使わず培養液で野菜を育てる栽培方法です。畑作業が不要で、水の循環や栄養管理が自動化され、農業経験がなくても大規模な栽培が可能です。日本では、ベーカリーやレストラン内でレタスなどを栽培し、新鮮な野菜を提供する取り組みが増えています。

③スマートグリーンハウス

温度、湿度、水やりの量、CO2濃度などをセンサーで管理し、自動で制御できる栽培施設です。データの記録や管理作業が自動化され、経験の浅い人でも収穫までの作業が効率的に行えます。収穫のタイミングや作業時間、必要なコンテナ数、パック数などの情報を出荷先と共有することができます。

この栽培施設では、主にトマトやきゅうり、なす、ピーマン、葉物野菜などの栽培に活用されています。

④精密農業の導入

衛星システムや自動操縦装置、農業用ドローンなどが活用され、畑の状態を細かく観察し、生育計画を立てやすくなります。広大な畑や山間部の畑の種まき、受粉作業、農薬や肥料を必要最小限で効率的な散布もできます。無人運転の農機や作業ロボットも導入され、畑作業全体を軽減し、精度が高く効率的な作業が実現されています。

⑤ブロックチェーン技術による透明性向上

農業分野で活用されているブロックチェーン技術は、生産履歴や取引状況を記録し、誰でも確認できるようにします。例えば、ＱＲコードを読み取ることで野菜の生産者や生産地、収穫日などの情報がわかります。

これにより、野菜の安全性や品質、生産環境などの情報が透明になり、産地偽装やブランド品種の流失を防ぐことにも役立っています。

スマート農業は未来の農業を担う手法とされ、ＩＣＴ（情報通信技術）やセンサーを使うことによって農地や環境を管理し、農作業を効率的かつ省力化する方法です。

これにより、コストを削減しつつ野菜の生産ができるようになり、私たちの食卓においしい野菜が安定して供給されることが期待されています。

ALL ABOUT THE
VEGETABLES
BUSINESS

3

野菜農家が稼げる野菜とは

農業の方法は時代とともに進化し、スマート農業のような新しい技術を使った栽培方法も可能になりました。

これにより、少ない労力で高品質な野菜を効率よく作ることができ、収益を上げることが可能になりました。野菜農家にとって、コストが低く、収益性の高い野菜、いわゆる稼げる野菜とはどんなものでしょうか。

農林水産省が発表しているデータをもとに、収益性の高いとされる野菜の品種を見てみましょう。

①キャベツ

手間がかからない野菜の代表で、他の野菜と比べると作業時間が少なくすみます。栽培するためには広大な土地が必要ですが、費用がかかりにくく、その地域の自然条件に合った品種を選ぶことで品質と収穫量がよくなります。

②レタス

キャベツに次いで作業時間が少ないので、経費が低く抑えられます。夏場に需要が増えるので、夏に出荷できれば高単価が期待できます。また、12月から2月にかけては流通量が少ないので、温暖な地域のハウス栽培で安定的に栽培できれば高単価が期待できます。

③ミニトマト

少ない土地で多くの収穫量が可能で、1個あたりの単価も高い野菜です。春や秋、冬に出荷できれば流通量が少ないので、高単価を維持できます。形や色が良くおいしいトマトを作るにはハウス栽培が適していて、初心者でも管理しやすく取り組みやすい野菜です。

④里いも

定期的な水やりが必要ですが、害虫に強く管理が楽なので、作業時間が少なく済みます。栽培方法や品種改良などの研究が進んだおかげで収穫量が増え、収益性の高い野菜になっています。最近は水田を利用した栽培方法も研究が進められています。

その他、大型トマト、レンコン、さつまいもなども作業が少なく経費がかかりにくいので、高い収益性が期待できます。また、白菜は作業量が少なく効率の良い野菜ですが、近年は小型白菜の品種が注目を浴びています。

野菜農家が収益を上げるためには、栽培条件に合った野菜品種選びが重要です。収穫性がよく、販売金額の高い野菜を育てることが利益につながっていきます。

さらにコスト削減も重要で、作業時間や手間がかかり過ぎる場合は、一見魅力があっても良い条件とは言えません。栽培から収穫、出荷までをいかに効率良く行えるかによって、さらに高収益が期待できるのです。

それ以外にも、産地限定野菜など需要が一定に保たれつつ、流通量が少ない野菜は、安定した売上が期待できます。

例えばわさびは、栽培条件が厳しく、限定された地域でしか栽培されないので、高価格で取引されています。椎茸やとうもろこし、枝豆などの一般的な野菜でも、形や色、食感、香り、栄養価など、栽培した地域独特の特徴が価格に反映されやすくなります。

また、新しい品種の栽培は、収益性の観点からも注目されています。例えば、アブラナ科の野菜同士をかけあわせて作られたケロッコやカリフローレなどの新品種は、市場での差別化ができ、新しい需要を生み出すチャンスが生まれています。

野菜農家にとって収益を上げることは、農業の安定した経営や農家の生活を確保するだけでなく、地域経済の活性化や農業全体の持続可能性を高めることにもつながります。健全な食料供給を持続するためにも、野菜農家の役割はますます重要になっています。

ALL ABOUT THE VEGETABLES BUSINESS

4

「産地限定野菜」を作る農家の過ごし方

野菜栽培には、その野菜に合わせた年間の作業スケジュールがあります。栽培する野菜の品種や規模、気候性によって内容は変わりますが、土作り、種まき、育苗、定植、間引き、追肥、間引き、収穫と、野菜の生育に合わせた作業スケジュールが組まれています。

そこで、野菜農家がどのように過ごしているのか、新潟県魚沼地域でアスパラガスを栽培している鈴木さんに、具体的なスケジュールを聞いてみました。

鈴木さんの畑では、太さの直径が5cm、長さ30cmの大きなアスパラが育ちます。根本まで柔らかく旨味が強く、採れたてのものは生でも食べられます。

アスパラガスは一度植えると長年地中に根が残り、その根を増やしていく植物です。

そのため、一度植えた後は本格的な土壌改良が難しくなるので、アスパラガスを植える前に育ちやすい土壌にしておく必要があります。また、アスパラガスは地中深く根が張るので、柔らかく排水が良く、栄養分の豊富な畑で育てる必要があります。

よく育つ畑では、植えてから5〜6年で収穫のピークを迎え、その後は平均10〜15年間穫れ続けるのが一般的です。

しかし、鈴木さんの場合は少し違っています。

◯1年目の土作り

良い土作りには、動物の糞や卵の殻などの有機肥料をたっぷりと使います。アスパラガスはアルカリ性の土壌を好むので、有機物を含む肥料を与えることで、畑が徐々にアルカリ性になり、通気性や水はけも良くなります。

また、有機肥料を使うと病気になりにくく害虫の被害が少ないため、生育が良くなって大きなアスパラガスが収穫できるそうです。

○種まき

土壌ができたら種をまき、1年目は芽が出てもそのままにします。

○2年目の収穫期

2年目の5月後半から10日間ほど収穫し、その後に出たアスパラガスはそのまま伸ばします。1m以上に伸びるので、支柱などを立てて折れないように支え、畝の間に有機肥料を入れます。伸びたアスパラガスは、秋にすべて刈り取っておきます。

○3年目以降の収穫期（5月20日から7月10日くらいまで）

アスパラガスは1日で15cmも伸びるので、収穫期には毎日、朝3時半と夕方4時の2回収穫します。30cmくらいの長さで刈り取ったアスパラガスは、長さを揃えて太さを選別し、当日のうちに出荷します。

主な出荷先は、契約しているスーパーマーケットや飲食店や旅館、バイヤーを通して高級スーパーなどに直接配送しています。直接卸すことでアスパラガスの配送に時間がかからず、新鮮な状態で店頭に並べられます。

スーパーマーケットでは、B品まで引き取ってくれるのですべて出荷できますし、バイヤーには収穫できた分だけ買い取ってもらう契約になっています。出荷の平均は1日500kgくらいですが、多いときは1日2トン出荷したこともあります。

〇追肥（7月中旬〜）

収穫が終わると畝の間に有機肥料をたっぷり入れます。残っているアスパラガスはそのまま伸ばし、倒れないように支柱で支えます。茎を残して成長させることで、翌年に向けて株を大きく成長させることが出来るそうです。

〇種まき（7月末〜8月の初旬）

毎年新しい種をまくことで、世代交代が順調にできます。

〇刈り取り（11月下旬）

雪が降る前に、伸びたアスパラガスの茎と葉をすべて刈り取ります。冬季間は農作業がないので、年間計画や販売ルートの開拓、新しい栽培品種の研究などが進められます。

魚沼地域は積雪量が多いため、11月下旬から4月までアスパラガスの畑は雪で覆われています。しかし、雪によって土の温度と湿度が一定に保たれ、アスパラガスにとっては居心地のいい場所になっているようです。

一般的なアスパラガスの平均寿命は通常10年～15年とされていますが、鈴木さんの育てるアスパラガスは、なんと20年以上現役で育っています。

その秘訣は、適した地域の環境に加え、アスパラガスが最適な条件で成長できるように、環境に配慮しているからです。

鈴木さんのアスパラガスを初めて食べたときの感動は忘れられません。それまで食べていたアスパラガスとはまったく違い、甘く、濃厚で、みずみずしい味わいでした。長さが30センチ近くもあるのに、根本まで柔らかく、捨てる部分が一切ないのです。

ただ、面白いことに鈴木さん自身はアスパラガスが苦手で、丹精込めて育てたアスパラガスを食べることができません。おいしいアスパラガスを味わえないなんて、すごく残念ですね。

ALL ABOUT THE VEGETABLES BUSINESS

5

産直野菜の直売所に来る人は何を求めているのか

最近は、産直野菜の直売所が全国各地で見られるようになりました。

私がよく行く地元の直売所では、毎朝農家が持ち込む新鮮な野菜が山盛りです。品質の高い野菜が並ぶ上、スーパーでは見られないような珍しい野菜も多いので、掘り出し物を見つける楽しみもあってよく利用しています。

その直売所では、平日でも開店30分前から長蛇の列ができるほど人気です。並んでいる人のほとんどは近郊在住の方々で、夫婦揃って並ぶ姿もよく見られます。

このように早くから並ぶ理由は、並んだ人にしか手に入れられない特別なものがあるからです。

○新鮮さと高い品質

開店前に並ぶ人たちが求めるのは、なんといってもその日に収穫された野菜です。特に、旬の野菜は多くの農家から集まり、大量に並んでいます。その中から、できるだけ安く、鮮度が良く、美味しそうな野菜を選ぶのは楽しいものです。これはまるで、バーゲンセール会場のような雰囲気です。

旬の野菜はスーパーマーケットにも多く並びますが、配送の日数がかかるので採れたてというわけにはいきません。しかし直売所の野菜は、その日の朝、数時間前までに収穫した野菜が買えるので、まさに裏の畑から採ってきたばかりのような新鮮さが味わえます。

○手頃な価格

産直野菜の直売所では農家と消費者が直接売買できるので、仲介業者へのコストがかからず価格が抑えられます。農家が決めた値段で販売されるので、消費者は手頃な価格で良質な野菜を手に入れる事ができます。

また、産直市場の中には、少し傷があったり、形がいびつだったり、不揃いな規格外野菜も並んでいます。見た目が悪いだけで味は変わりなく、通常よりも安い価格で手に入れられるので、気にならない人にとっては人気の商品です。数量が限られているので、開店から数時間で売り切れてしまうようです。

○生産者の顔が見える

直売所に出荷している農家のほとんどは、小規模な個人の農家や高齢の方です。野菜には農家の名前が書かれているので、直接会わなくても親近感や信頼を感じやすくなります。野菜を選ぶ基準には、食べて気に入った経験が影響を与えるので、「〇〇さんの野菜はおいしい」と信頼されれば、次回からもその農家の野菜を選ぶことが増えるのです。

全国の直売所の中には、ユニークな販売方法を行う例もあります。例えば、東京練馬区の住宅街にある野菜の直売所では、透明なコインロッカーを使って野菜が売られています。農地面積が広い練馬区では、新鮮な野菜を気軽に買える直売所がたくさんあります。このコインロッカー式の販売所は、練馬区内に50箇所ほどあり、近くの農家が個別に管理して無人で販売しています。

農家は、早朝に収穫した野菜を洗って、袋に入れたものをロッカーに置き、夕方まで無人販売をしています。

ほとんどの野菜が１００円ですが、種類によっては２００円３００円と表示されています。お釣りが必要な場合には、野菜と一緒にロッカーに用意されているので、すべて無人で完了します。

数量が限られた野菜や、低価格の規格野菜はここでも人気で、直売所の前に朝から並ぶ光景も見られます。野菜がある限り、日中に数回補充されることもありますが、やはり種類が揃っていて好きなものを選べる午前中が狙い目のようです。

全国には様々な産直野菜の直売所があり、消費者は、新鮮な野菜を求めているだけでなく、野菜農家とのつながりや地域コミュニティの一環としても楽しんでいます。皆さんも直売所を通して、その地域の新たな発見や魅力を体験してみませんか。

ALL ABOUT THE VEGETABLES BUSINESS

6

行き場のない野菜たちの救世主

最近の「フードロス」という問題は、野菜の栽培現場でも注目されています。

ここでは、その問題の原因と解決に取り組んでいる例を紹介します。

野菜は、同じ環境条件で育てても、完璧な野菜ばかりができるわけではなく、どうしても、形や見た目が不揃いな「規格外」の野菜が一定数できてしまいます。これらは、市場で受け入れられず、廃棄の道をたどることになります。

実際に、農産物にはサイズや形状によって等級が分けられ、規格を満たさないものは市場に出すことができません。

そのため、生産された野菜の約20％が、規格外という理由で廃棄処分されてしまっています。２０２０年の秋冬の調査では、収穫量のうち58万トンの廃棄が出ています。

しかし、廃棄される理由は規格外だけではありません。実は、過剰に出来てしまった野菜も出荷されずに廃棄されています。

野菜の生産量は天候などによって変動し、人の手ではコントロールできません。豊作の年は供給が過剰になり、価格が下がってしまいます。収穫や配送コストを考えると、出荷するほど損をすることになり、農家は余った野菜を捨てざるを得なくなるのです。

さらに、出荷用の野菜をきれいに整えるためには、余分な葉や根を削ぎ落とさなければならず、結果的にまだ食べられる部分までが捨てられることになります。

廃棄された野菜は、畑に残したままにすると不要な微生物が繁殖し、土壌を悪化させる場合が多いので、取り去って処分しなければなりません。

こうした野菜の廃棄問題に対処するために、次のような様々な取り組みが進められています。

①野菜専門仲卸の畑買い契約

野菜専門仲卸は、農家の畑をまるごと買い取る契約をして、生鮮スーパーや加工業者、飲食店などに直接販売する仕組みを作っています。これによって農家は、規格外も含めてすべての野菜を販売することができます。

生鮮スーパーなどでは、欲しい野菜を安定的に均一価格で販売することができます。さらに、形状や大きさによって生鮮向けと惣菜加工向けに使い分けることができ、仕入れコストを低く抑えられています。

②給食やカット野菜の食材としての活用

規格外野菜を学校給食などで利用する取り組みが進んでおり、曲がったキュウリや形の異なるトマト、長すぎる小松菜なども、カットしてしまえば一般の野菜と区別がつかず、料理の食材として有効に利用しています。

③フードバンクへの寄付

規格外野菜はフードバンクへの寄付によって、野菜が無駄に捨てられることがなく、食糧不足に悩む人々や貧困層の支援に使われるようになりました。この活動は地域社会全体に良い影響を与え、廃棄される野菜の有効活用に成功しています。

④産直市場やECサイトでの販売

生産と消費を直接つなぎ、規格外野菜の販売を通して環境への負荷を減らす取り組みがされています。味が変わらないなら規格外の野菜を選ぶ人も多く、直売所やECサイトでも人気です。最近は、規格外野菜専門のECサイトも増加しています。

⑤6次産業化での加工品として活用

余った野菜や切り落とした部分を活用し、加工品にする6次産業化が進んでいます。ジュース、瓶詰、漬物、焼き菓子など、栄養を無駄なく有効利用するための商品開発や、クレヨンや化粧品など食品以外のアイテムに使われています。

⑥形を整えずに販売

冷凍ブロッコリーなどでは、形を整えずに茎を長く残して販売されている商品があります。それまで1株当たりの芯は45％ほど切り捨てられていましたが、長めに残すことで廃棄率を25％まで抑えられるそうです。

ここで紹介したように、栽培された野菜を無駄にせず、食べきれる仕組みを作ることは、野菜農業の未来を守り、地球環境にもつながります。

ALL ABOUT THE VEGETABLES BUSINESS COLUMN

家庭菜園で栽培しやすいおすすめ野菜

私は家の裏の空き地で、数種類の野菜を作っています。毎年春に畑を耕し、今年は何を植えようかと考えるのは楽しいものです。今までいろいろな野菜を作ってみた結果、うまく芽が出なかった野菜や、途中で枯れてしまった野菜、何もしないのに成長を続けて食べきれないほど収穫できた野菜もありました。

そんな経験から「野菜を育ててみたいけど、うまくできるか不安」と思っている人に、プランターで手軽に世話ができて、ほったらかしでも豊作なおすすめの野菜を紹介したいと思います。

①ベビーリーフ

レタスミックスやアブラナ科ミックス、イタリアンミックスなど、数種類の野菜が組み合わされた種が販売されています。種はバラまきでも大丈夫です。1cmくらいの間隔で重ならないようにまき、薄く土をかけます。軽く押さえてから水をたっぷりかけてください。

芽が出るまでの数日間は、濡らした新聞紙をかぶせて乾燥を防ぐと発芽しやすくなります。双葉が大きくなってから10ｃｍ以上に成長するまで、間引きをしながら育てます。毎日新鮮なサラダが食べられるのは幸せです。もちろん、間引きしたものも食べられます。

②ハーブ（バジル、パセリ、パクチー）

種から育てることもできますが、ある程度成長した苗を大きく育てるのがおすすめです。花が咲くと葉が硬くなり、枯れやすくなるので、ときどき中心から出ている茎を切り取ってください。枝葉が大きく成長して長期間収穫できます。

日当たりがよく風通しが良ければ、室内の小さな鉢でも育ちやすいですが、屋外で育てると色が鮮やかで香りが良くなります。料理に加えれば独特の香りがアクセントになって、料理のグレードが一気にあがります。

③ミニトマト

ミニトマトは苗から育てるのがおすすめで、「接ぎ木苗」として販売されているものが丈夫で失敗しにくいです。30ｃｍ角の広さと深さに1株を目安に植えて、小さな苗のときから支柱で支えてください。

茎と葉の間から出る芽をこまめに摘み取ることで、樹や実が成長しやすくなります。ミニトマトは、花が咲いてから40日くらいで収穫することができます。樹は成長すると1.5ｍくらいになりますので、長い支柱が必要です。真っ赤に熟した新鮮なミニトマトは、家庭菜園でしか味わえない美味しさです。

④なす

葉の色が濃く、茎が伸びすぎていない苗を選んでください。さらに花が咲き始めているものならベストです。

30ｃｍ角の広さと深さに1株を目安に植えて、3本の支柱でしっかり固定します。水やりと排水が良ければぐんぐん成長します。根本の茎と葉の間の芽を摘み取って枝が3本になるように整理すると、樹が太くなり実が成長します。

花が咲いてから20日ほどで収穫でき、4～5ヶ月間もの間収穫が楽しめます。熟しすぎたものは硬くおいしくないので、ぼけなすになる前に収穫してください。

⑤枝豆

種豆からでも育てやすく豊富に実ります。20cm間隔で浅く穴を掘り、3〜4粒の種をまいて土をかぶせます。

芽が出て10cmほどに成長したら、太くてしっかりした苗を残して、他の苗はハサミで根本から切り取ります。花が咲いてから30〜40日で収穫できます。

枝豆には、初夏から収穫できるものから、晩秋まで収穫できるものまで様々な品種があるので、好みに合わせた品種を見つけるのもいいと思います。食欲が落ちやすい夏に、採れたての栄養豊富な枝豆を味わえますよ。

このほかにも、さつまいも、じゃがいも、きゅうり、ズッキーニ、かぼちゃ、オクラ、モロヘイヤ、ツルムラサキ、空芯菜など、ほったらかしで作りやすい野菜は意外と多く、食卓で活躍するものばかりです。

ホームセンターなどで買える家庭菜園用の土や有機肥料を利用して、水やりなどの基本的な管理ができれば、初心者でもおいしい野菜を楽しめます。

取り組みやすい野菜から挑戦して、家庭菜園の楽しさを存分に味わってください。

第4章

カット野菜から学ぶ野菜加工の世界

Chapter 4 :

The world of vegetable processing

ALL ABOUT THE VEGETABLES BUSINESS

1 コンビニやスーパーのサラダは安全なのか

第4章では、カット野菜を題材にして野菜加工の世界を解説していきます。

カット野菜と言えば、透明なカップや袋に入ったキャベツやレタスなど、生で食べられる「パッケージサラダ」が人気です。コンビニやスーパーなどでよく見かける商品なので、一度は試したことがある人は多いのではないでしょうか。

しかし、「生野菜のサラダは栄養が少なそう」「洗うときに使用される薬剤が気になる」といった不安を抱えている人も少なくないようです。

まずお伝えしたいのは、コンビニやスーパーのサラダは食べても安全ですし、そこまで不安になる必要はないということです。その理由について、パッケージサラダの工程から説明していきます。

私が数年前に訪れたカット野菜工場で、目に飛び込んできたのは大きな浴槽が並んでいる光景でした。

まず、キャベツやレタスが丸ごとのまま水洗いされ、次の浴槽では1枚ずつはがした葉を水洗いします。その後、野菜を切り、次亜塩素酸ナトリウムを溶かした水にくぐらせます。最後は、野菜をすすぐために再度水洗いされ、脱水して包装されます。

この工程で水溶性の栄養素が流れ出ますが、すべての栄養がなくなるわけではありません。千切りキャベツの場合、洗った後でも60％以上の水溶性ビタミンが残っていることが確認されています。

殺菌用に使われている次亜塩素酸ナトリウムは、水道水にも使われているものです。これは、微生物や菌を減らして食中毒のリスクを防ぎ、安全な食品を作るために欠かせないものです。

例えば、海外旅行先で現地の水を飲むと、激しい腹痛を伴う食中毒症状が起こる場合がありますが、これは水の中の菌が影響しています。日本の水道水が食中毒にもなりにくく、安全だと言われているのは、きちんと殺菌されているからです。

カット野菜の製造工程で次亜塩素酸ナトリウムが使われる際は、食品衛生法で厳しく使用量が決められているので、体内に入っても問題ありません。それでも気になる方は、食べる前に洗って食べるようにすると良いと思います。

適切に加工されたカット野菜は、食中毒を防止しながら便利さと新鮮さを提供している商品です。むやみに不安がらずに、野菜を1グラムでも多く食べることが重要だと思います。

近年、カット野菜のメーカーでは、野菜の調達に課題を抱えています。

日本では、年間約1000万トンの野菜が必要とされ、その半分以上が外食や加工で使われています。加工業界では原料の価格が特に重視され、安定した量を確保しなければなりません。そのために価格の高い国産野菜から安い輸入野菜への切り替えが増えていて、加工野菜の約30％が輸入野菜であるという現状です。

これに対処するため、各メーカーは販売店や生産者と連携して、野菜の供給体制を作り上げる努力をしています。第3章で説明した農家との直接契約で、安定的な量と質の確保と生産地の追跡が可能になっています。野菜が収穫されてから加工工場、店頭に届くまで品質を保ちながら低温で配送する技術も進んでいます。

実際に、あるパッケージサラダメーカーでは、国産野菜をいつでも新鮮な状態で加工するため、季節に応じて契約する産地を変えています。これにより、野菜の供給が安定し、高い品質も確保できているようです。

手軽に健康的な食事ができる、便利なパッケージサラダの需要はますます増えることが考えられます。これからは、便利さだけでなく、安全性や健康に配慮した商品作りが期待されます。

ALL ABOUT THE VEGETABLES BUSINESS

2 世界のカット野菜市場

カット野菜は国によって野菜の種類や特徴が違うのをご存じでしょうか。

日本のカット野菜は1~2人分と少量のパックが主流で、代表的な生食用野菜はレタスやキャベツ、大根などが挙げられます。最近は商品のバリエーションも増え、ベビーリーフや数種類の野菜をミックスされたものも登場しています。

一方、海外では大型のパッケージが目立ちます。ベビーリーフや色とりどりの野菜がミックスされた商品が特徴で、どの国も洗わずにそのまま食べられると強調されています。日本で見かける「千切りキャベツ」は日本特有の商品で、他の国には存在しません。

例えば、フランスのスーパーマーケットやコンビニでは、日本の2~3倍のサイズの袋に入ったカット野菜が普通に見られます。パリのスーパーマーケットに行って驚いたのは、一面に広がる冷蔵ケースに、様々な種類のカット野菜が並んでいる光景でした。

家庭での料理が一般的とされているフランスでも、カット野菜が生活に溶け込んでいることがわかります。日本ではあまり見かけない野菜も多く、色鮮やかで新しい野菜を見つける楽しさがありました。

カット野菜は１９７０年代にアメリカで初めて発売され、１９９４年以降急速に普及し、その後ヨーロッパにも広まりました。カット野菜の普及には、技術の進歩が大きく関わっています。特にアメリカは、広大な国土と大きな市場を持つことから、第5章で解説する「コールドチェーン」と呼ばれる効率的な配送システムによって、カット野菜の市場が大きく成長しました。

日本では２０００年頃から徐々に普及しはじめ、過去10年で購入金額が２・２倍になっていることがわかっています。

カット野菜の普及は、サラダだけでなく、時代や生活スタイルに合わせた、様々な野菜キットの登場も大きく関係しています。

例えば、野菜炒め用ミックスや、きんぴらごぼう用、鍋物用、鉄板焼き用など、特定の料理に合わせてカットされた商品は、野菜を切る手間がいらず、袋やパックから出すだけで手軽に調理できることで売上を伸ばしています。

これらの便利な野菜キットは、日本だけでなく世界中で人気があります。特にアメリカではカット野菜の売り場の面積が拡大し、手軽に調理できる野菜キットが数多く並べられています。野菜は透明なカップに詰められ、種類と鮮度が一目瞭然です。また、家庭用の商品ラインナップは、各国の料理に合わせて充実してきています。特に、異なる野菜が組み合わされたミックス商品は、その国でよく食べられている料理の組み合わせで、多種類の栄養素を一度に摂取できる点で注目されています。

これらの商品の良いところは、捨てる部分がなく、調理の手間が省け、調理時間が大幅に短縮されるところです。調理済み食品やインスタント食品に比べて健康的であることから、時間がなくても料理を楽しみたいと願う人にとっては非常に便利な商品です。

このように進化を遂げているカット野菜は、健康志向の高まりに応える形で有機野菜を使った商品も増えています。アメリカやヨーロッパでは、環境と健康を考え、価格が高くても有機野菜を選ぶ傾向が強まっています。

カット野菜は、健康的な食事を手軽に摂れるだけでなく、世界の食文化を支えるためにも重要な要素になっています。

ALL ABOUT THE VEGETABLES BUSINESS

3

生野菜の食中毒

生野菜は見た目が華やかで食感も楽しいので、飲食店でも人気があります。しかし、取り扱いを誤ると、細菌の増殖や食中毒のリスクが発生する可能性があるので注意が必要です。

実際、カンピロバクターやＯ１５７（腸管出血性大腸炎）エルシニア、リステリアなどの病原体が原因で、大量調理施設での食中毒の集団感染が毎年報告されています。例を挙げると、次のようなものがあります。

- **社員食堂のサラダバーでノロウイルスの集団感染が起こり、１５０名が感染**
- **有料老人ホームできゅうりのゆかり和えで、Ｏ１５７の集団感染で10名が死亡**
- **大学の寮の野菜サラダで、エルシニアの集団感染で50名が感染**

このような事例は、生野菜が原因で起こる食中毒の集団感染です。土や自然界に広く存在する微生物や細菌は目に見えませんが、野菜には多く付着しています。そのため、野菜を生の状態で食べる場合は食中毒を引き起こす可能性が高くなります。

特に、子どもや病気の人、高齢者などは少量でも感染しやすいので、病院・介護施設・学校給食などでは十分な注意が必要です。

調理施設では、感染症や集団食中毒の予防のために保健所の指導に従った厳格なマニュアルが存在します。生野菜を大量に調理する際には、食材の安全を守るため、次のような手順にそって下処理が行われています。

・衛生チェック…害虫、異物、腐敗、異臭の確認（異常品は即座に返品又は使用禁止）
・保存…清潔な容器に入れ替えて、10℃前後で保存
・キャベツの取り扱い…土壌由来の細菌を防ぐために、芯と外葉、傷んでいる葉を取り除く
・洗浄…凹凸部や葉と葉の間は特に注意して低温の流水で3回以上洗浄
・中性洗剤で洗い、十分にすすぎ洗い…必要に応じて、次亜塩素酸ナトリウム等で殺菌

・洗い流し…流水で十分にすすぎ洗い（次亜塩素酸ナトリウムなどの洗浄物質を洗い流す）
・カット…水切り後、専用のまな板と包丁を使用してカット
・保存…清潔な容器に入れ、調理まで30分以上かかる場合は、10℃以下で冷蔵保存
※注意事項：使用する殺菌剤や洗浄剤は適切な量と方法で使用し、食材の安全性を確保する。

このような下処理作業は複雑で、多くの場面で人の目と手作業が必要です。でも、多くの調理現場では人手不足が課題となっていて、限られた人数と時間の中で安全性を保ちつつ料理を提供するには限界があります。

そこで、カット野菜の導入が進められ、調理現場では食中毒のリスクを減少させ、安全で新鮮な生野菜を効率的に提供できるようになりました。

カット野菜はあらかじめ洗浄殺菌されていますが、完全に無菌ではないので、低温での保管や消費期限を守らないと細菌が繁殖する可能性があります。さらに、作業者がノロウイルスを持ち込む可能性もあるため注意が必要です。

市販のパッケージサラダも同じで、常温に長時間置いたり、賞味期限が過ぎると細菌が増えやすくなったりします。また、取り分ける際にも直接手で触らないようにするなど、カット野菜を過信しないことも重要です。

ちなみに、多くの細菌は熱に弱いので、熱湯をかけたり加熱調理することで、食中毒を予防できることも覚えておきましょう。

ALL ABOUT THE VEGETABLES BUSINESS

4
冷凍野菜の加工技術

最近の冷凍食品コーナーを見ると、冷凍野菜の種類がずいぶん増えたと感じます。ブロッコリーやほうれん草、里いも、かぼちゃ、枝豆のほか、みじん切りの玉ねぎやごぼうなど、こんなものまで冷凍にできるのかと驚くものもあります。

冷凍すると味が落ちたり、栄養価が減ってしまうのではないかと心配する方も少なくないですが、加工技術の進化によって冷凍野菜は味が濃くて美味しく、栄養価の高いものが多くなっています。

冷凍野菜は、旬の時期に収穫した野菜を新鮮なうちに急速冷凍して、栄養価が高い状態を保っています。これによって、季節を問わずにおいしい野菜を楽しむことができます。

冷凍保存では、食中毒の原因となる細菌が活動できないので、殺菌処理も必要ありません。

おいしい冷凍野菜を作る際に重要な加工技術が「ブランチング」です。ブランチングは、冷凍する前に野菜を一時的に加熱し、その後急速に冷凍する処理のことで、冷凍野菜の品質を保つために重要です。

この処理によって冷凍野菜の品質にもたらされるいくつかの効果をご紹介します。

○冷凍耐性の向上

ブランチングを行うことで野菜の組織が柔らかくなり、冷凍しても組織が壊れにくくなります。野菜は組織が弱く水分が多いので、通常の冷凍では細胞が壊れて品質が劣化します。ブランチング処理を受けた野菜は、解凍後もハリがある良い状態で食べられます。

○野菜の酸化防止

ブランチングは野菜の酵素の働きを抑え、保存期間中に野菜が変色するのを防ぎます。特にじゃがいもやれんこん、ごぼうなどの変色しやすい野菜に有効です。

○解凍後の品質

ブランチングで品質が保たれたまま冷凍された野菜は、解凍しても水分が出にくく、水っぽくなりません。美味しさや食感がそのまま残るので、調理の幅が広がり、冷凍野菜をメインの食材として使うこともできます。

◯微生物の殺菌

野菜に付着している有害な微生物を減らし、汚れや残留農薬などを取り除きます。高温で熱湯に通すと10秒間で90％、１分間で99％以上の菌が殺菌できます。菌がついているのは野菜の表面だけなので、ブランチング処理をするとほとんどの菌を殺菌できます。

冷凍野菜は、これらの加工技術によって、おいしさと栄養を兼ね備えた便利な食材となっています。ブランチングにより、解凍後も新鮮でおいしい野菜を楽しむことができますので、冷凍野菜を上手に活用して、健康的でおいしい食事を楽しんでみてください。

家庭で野菜を冷凍するときも、ブランチングと同様の処理をすれば、おいしく保存ができます。例えば、ほうれん草は沸騰したお湯に10秒ほどくぐらせて、すぐに冷水で冷やします。水気を絞った後カットし、水分を拭き取ったら、重ならないように薄く広げると短時間で冷凍できます。

使い切れない野菜などを冷凍しておけば、無駄にすることなく長期保存でき、便利に使えます。家庭の冷凍庫では1～2ヶ月を目安に使い切るようにしましょう。

なお、ブランチングは長期間品質を保つために行う下処理で、調理上の完全加熱ではありません。市販の冷凍野菜を使用する際には、表示を確認してください。「凍結前加熱の有無（※）加熱してありません」などと記載されている場合は、必ず加熱してから食べるようにしましょう。

ALL ABOUT THE VEGETABLES BUSINESS

5

漬物市場の成長

最近、健康志向の高まりとともに漬物が人気を集めています。なかでも浅漬けや白菜キムチが大人気で、スーパーマーケットのキムチ売り場が広がってきています。

特に白菜キムチのバリエーションが増え、本格的なものから浅漬け風のものまで、日本人の味覚に合う手軽なおかずとして、広く受け入れられているようです。

辛味がマイルドで少し甘い浅漬風の白菜キムチは、辛いものが苦手な人でも食べやすい商品です。白菜のみずみずしくサクサクとした食感を味わえるので、サラダ感覚で楽しむ人も増えています。

あたたかいご飯のお供だけではなく、食べ飽きたらキムチ鍋や豚キムチなどにアレンジすることもできるので、最後まで無駄なく美味しく食べ切れます。

大手スーパーやコンビニも自社ブランドの漬け物に力を入れていて、セブンプレミアムやトップバリューなどは、食べきりサイズで様々な漬け物を提供しています。ちょっと食べたいと思う消費者のニーズに応えた便利な商品は、発酵食品としての魅力や手軽に食物繊維やビタミンが摂れるとして安定した人気があります。

こうした漬物の消費が増える中、特に安全で安心な国産原料を使用した商品への要望が高まっています。そこで、漬物業者は国産の野菜を使った商品の開発に力を入れ、地域に密着した販売戦略を展開しています。

特に、浅漬けやキムチ風の浅漬けの場合は、新鮮な野菜を使って漬け込みがされるので、国産野菜の比率が高くなります。原料となる野菜を国内で安定的に調達するために、工場近郊の産地や生産者との直接契約、全国的な産地との連携も行われています。

また、地域独自の漬物が全国的に評価され、地元の特産品として支持されることもあります。ただ、人気が出すぎると、原料の野菜の調達が間に合わないという問題も発生するため、一部の漬物業者は、自ら野菜の生産に乗り出す動きも見られます。

地域独自の漬物は各地域の気候・風土と大きく関係があります。例えば、東北や北陸など寒い地方では、冬に食材を保存する技術として様々な漬物が発達しました。

秋田県の「いぶりがっこ」は、冬の間晴天が続かず、屋外で大根を干すのが難しいので室内のいろりに吊り下げ、乾燥させて漬けられました。それにより、薫煙《くんえん》の香りとぬか漬け風味が合わさった独特の漬物となりました。最近では、その独特の香りとクリームチーズとの相性が注目されて人気が高まっています。

また、奈良漬は平城京の時代から伝わる奈良県の伝統食です。塩漬けした様々な野菜（白ウリ、きゅうり、小型メロンなど）を酒粕に漬けた粕漬の一種で、風味豊かな漬物として時代を経ても大切に受け継がれています。

日本の食文化の中で根づき、時間をかけて育まれた漬物は、日本の伝統的な野菜料理です。その独特な風味や食感と優れた保存性から、私たちの食卓で大切な存在です。

かつては、家庭ごとに、野菜を塩や酢、醤油、味噌などで漬け込んで発酵・熟成させ、保存食や常備菜として大切に作られていました。しかし、最近では家庭で手作りする機会が減り、市販の漬物を食卓に出すことが主流になりつつあります。

こうして漬物はそのおいしさや栄養価を受け継ぎながら、新たな形で親しまれています。手作りの温かみと伝統の味わいのある地域性の高い漬物や、新鮮な国産野菜を使用した商品がこれからも多くの人に愛されていくでしょう。

ALL ABOUT THE VEGETABLES BUSINESS

6 便利なカット野菜の裏側

野菜の加工品は、そのまま使えて捨てる部分がないので、効率的で環境に優しいと思われがちです。しかし、野菜をカットして販売されるまでには、製造工程で生じる皮や芯、ヘタなどの野菜くずが大量に出ています。

例えば、キャベツから千切りキャベツなどに加工する際は、キャベツの外葉や芯が利用できないので、キャベツの歩留まりは60～70%程度、レタスであれば40～60%とされています。つまり、1つの野菜の多くは使われずに捨てられていることを意味しています。

特に、芯や外葉には細菌が付着している可能性が高いので、衛生面から必要以上にカットされる傾向にあります。また、多くの現場では、機械が規定の大きさに合わせてカットされるので、切り落とされる部分も多くなります。

こうして出た野菜くずは、多くの加工現場で産業廃棄物として処理しています。産業廃棄物として処理する場合、水分が多いと重量が多くなり処理費用がかさむので、大型の脱水機で水分を出来るだけ飛ばした後に廃棄されています。

加工現場では、毎日トン単位で出る野菜の廃棄部分をいかに処理するかが課題で、取り組みや研究が進められています。野菜の廃棄物を再利用している例をご紹介します。

◯家畜の飼料

野菜くずを乳酸発酵させて豚や牛などの家畜の餌に転用する取り組みです。事前に畜産農家と契約して、受け入れの準備を整えておく必要があります。この受け入れた餌は、豚や牛などの家畜の栄養補給に活用されます。

◯野菜だし

野菜くずを利用して植物性のだしパックを作る取り組みです。野菜の皮や芯には旨味成分が豊富に含まれており、これらを組み合わせて使うことで、無添加でもおいしいだしが作れます。質の高い調味料として、食品の味付けや調理に安心して利用できます。

◯分解可能な食品用容器

野菜くずを裁断・攪拌《かくはん》し、でんぷんを加えて成形して食品容器を作る取り組みです。この容器は使い終わった後、微生物によって分解され、自然界に戻ることが可能です。プラスティックと同じような性能があり、電子レンジでの加熱や水で洗うこともできます。

◯バイオマスカーボン

野菜の廃棄部分を使って炭に変換し、バイオマスカーボン素材を生成します。これを土壌改良剤として使うことで、有機栽培で作物の成長を助け、自然の好循環を作ることができます。バイオマスカーボンは、宇宙産業や自動車、建築、風力発電など、様々な分野での利用が期待されています。

これらの取り組みは、食品加工現場から出る野菜くずを有効に活用し、資源の再利用や廃棄物を減らすために役立っています。野菜くずの有効活用は、単なる廃棄物処理のコスト削減だけでなく、地球環境にも良い影響をもたらします。

しかし、まだ再利用される量は少なく、多くの現場で取り組むには時間がかかりそうというのが現状です。

ALL ABOUT THE VEGETABLES BUSINESS COLUMN

家庭でできる変色しないレタスサラダの加工法

サラダは市販のものしか食べない、という人もいるかもしれませんが、ちょっとしたコツを知っていれば家庭でもおいしいレタスサラダが作れます。ここでは、パリッとしたおいしいレタスサラダの作り方をご紹介します。

①選び方

まず、レタスは玉レタスでも、葉レタスでも好きなものを用意してください。数種類をミックスすると、葉の形や色の組み合わせが楽しめます。選ぶ際には、全体にはりがあってみずみずしいものを選んでください。葉の先端がしおれている、黒ずんでいるものは手に取らないようにしましょう。

②洗い方

葉を１枚ずつやさしくはがして、たっぷりの水に入れます。１枚ずつ手に取り、流水で土や汚れを丁寧に洗い流します。特に根本には土がついているので、注意して取り除いてください。レタスは強い刺激を与えると繊維が壊れやすいので、優しく洗うことがポイントです。

③切り方

葉を切るときは、葉の先端から手でちぎります。葉の裏側に人差し指と中指を添えて、親指を葉の上に置きます。指先に力を入れて、三角形になるように引っ張りながらちぎります。同じ大きさになるように、葉脈を潰さないように優しく引っぱりながらちぎるのがポイントです。

レタスをちぎるときに、葉をひねるようにして切る人が多いですが、それは絶対にやめましょう。繊維がつぶれてしまうと美味しさが半減し、痛みやすくなります。包丁で切る時も、刃を研いだ切れやすい包丁でスパッと切ってください。

④切り口の洗い流し

切ったレタスは、すぐにたっぷりの冷水に入れて、葉を全部沈めます。水の中でレタスの切り口を洗い流すようにするのがポイントです。10秒位でザルに上げて水気を切ります。すぐに食べるときは、キッチンペーパーなどで水分を拭き取って盛り付けます。

⑤保存

保存するときは、レタスに多少水がついている状態のまま、フェイスタオルでふんわり包みます。そのまま密封容器やビニール袋に入れて冷蔵庫で保存します。タオルが水分を吸い取り、水分を含んだタオルが保湿してレタスの乾燥を防ぎ、レタスはパリッとします。

この5つの手順を守ることで、いつでも美味しくパリパリのレタスサラダが楽しめます。ドレッシングも家庭にある調味料で簡単に作れますので、レタスに合う手作りドレッシングのレシピを3品付け加えておきます。

①にんじんドレッシング

(材料) にんじん100g・玉ねぎ50g・黒酢大さじ4・食用油大さじ2・醤油小さじ2・砂糖小さじ1／2・塩小さじ1／3

にんじんと玉ねぎをすりおろして、黒酢と食用油、醤油、砂糖、塩を加えてよく混ぜます。常温で半日置いて熟成させたあと、密封して冷蔵庫で1ヶ月を目安に保存してください。

②りんごドレッシング

(材料)りんご50g・玉ねぎ50g・酢100㎖・醤油100㎖

りんごと玉ねぎをすりおろして、酢と醤油を加えてよく混ぜます。常温で半日置いて熟成させたあと、密封して冷蔵庫で1ヶ月を目安に保存してください。

③シーザードレッシング

(材料)マヨネーズ60g・牛乳30㎖・おろしにんにく小さじ1/2・粉チーズ小さじ2

材料を全部混ぜたらすぐに使えます。残ったら冷蔵庫に入れて1週間を目安に保存してください。

第5章

コールドチェーンから学ぶ野菜流通の世界

Chapter 5 :

The world of vegetable distribution

ALL ABOUT THE VEGETABLES BUSINESS

1

世界規模で行われる野菜の流通

野菜の新鮮さは美味しさに直結し、農家から収穫されたばかりの野菜が私たちの食卓にすぐに届けられるのは、今や当たり前となっています。このような現代の便利さは、「コールドチェーン（低温物流）」というシステムの登場によって可能になりました。

コールドチェーンとは、食品を生産地から販売店、消費者の手に渡るまで、適切な低温管理によって安全に、新鮮な状態で輸送する食品物流システムのことです。このシステムでは、低い温度での保管や輸送が鎖のように途切れることなく続けられています。

コールドチェーンの適用範囲は冷凍品（管理温度-15℃以下）、冷蔵品（管理温度2～10℃）、常温品（管理温度10～20℃）など、種類ごとに適切な温度で保管されます。

野菜が収穫されてから消費者の手に届くまでのコールドチェーンの流れは、主に次のようになります。

①収穫後の予冷

野菜は収穫直後に予冷（鮮度を保つために、あらかじめ冷却すること）をされます。この段階で野菜の表面温度をすばやく下げることで、野菜の呼吸作用を遅らせ、品質の劣化を遅くします。予冷方法には「水冷」「氷冷」「空気冷」などがあります。

②仕分けと包装

予冷された野菜は、サイズや品質に応じて仕分けされた後、適切な方法で包装されます。この目的は２つあり、１つ目は野菜を物理的なダメージから保護すること。２つ目は新鮮さを保つために、野菜から発生するガスの環境や湿度を適切にすることです。

③冷蔵保管

仕分けと包装が終わった野菜は、出荷前に冷蔵倉庫で保管されます。この段階で野菜を適切な温度（通常は０℃から10℃程度）で保持することで、鮮度と品質を維持します。

④冷蔵輸送

冷蔵倉庫から小売店や市場までの輸送では、冷蔵トラックや冷蔵コンテナが使用されます。これらの輸送手段は、移動中も野菜が適切な温度環境に保たれるように設計されています。

⑤小売店での冷蔵販売

目的地に到着した野菜は、小売店では冷蔵された販売スペースに並べられます。これにより、消費者が手にするまでの間も野菜の鮮度と品質が保たれます。

⑥消費者への配送

近年では、オンラインによる食品購入が増えており、消費者の自宅まで配送される場合も、配送車両が冷蔵設備を備えている必要があります。

コールドチェーンの始まりは、遠隔地への食品輸送を効率的にするため、早くから冷蔵技術の開発に取り組んでいた19世紀後半のアメリカです。

１９００年初めに、鉄道による冷蔵車両の導入や、冷蔵技術を用いた倉庫の建設が進み、食品の長距離輸送ができるようになりました。

また、１９２０年代には冷蔵トラックが登場し、道路輸送におけるコールドチェーンの基盤が形成されました。これにより、畜産品や果物、野菜などの鮮度が重要な食品を収穫地や生産地から消費地へと、速く品質を維持した状態で運べるようになりました。

コールドチェーンは、遠くの地域へも食品を運ぶことができる重要な仕組みとなり、世界的な規模の食品流通システムの発展に大きく貢献しています。今では世界各国でこのシステムが使われ、食品の安全を守りながら効率的な供給をするために役立っています。

農場から食卓に至るまでの過程で、野菜の品質と鮮度を保つことができれば、食品廃棄物を減らし、持続可能な食品の供給にもつながります。

これは、世界中の人々に安全で健康的な食品を継続して提供するために、非常に重要な取り組みです。そのため、野菜や他の食品を適切な温度で保ちながら運ぶコールドチェーンの役割が、今後さらに重要になると考えています。

ALL ABOUT THE VEGETABLES BUSINESS

2 卸売市場の役割

野菜の流通には、卸売市場の存在が欠かせません。近年では、生産者の直接販売が増えていますが、日本で流通する野菜類の約80％が卸売市場を経由しています。

卸売市場は、卸売業者が全国の生産者や商社から青果物を仕入れ、仲卸業者を通して飲食業やスーパーといった業者に販売する施設です。「青物市」とも呼ばれました。国内最大の青果を扱っている大田市場（東京都大田区）には、４社の青果会社が統合されています。

卸売市場では、各地の農家や農協（ＪＡ）、商社から出荷された多種多様な野菜や果物が扱われ、生産者から卸売業者、仲卸業者、小売業者を経て最終的に消費者の食卓に届けられます。

卸売市場での流通プロセスは、主に次の４つの重要な機能を果たしています。

①集荷・分荷機能

多種多様な青果物を1箇所に集め、品質やサイズに応じて適切に分類・仕分けします。この機能により、効率的な流通と品質の維持が可能になります。

②価格形成機能

卸売市場では、青果物の価格を市場の原理に従って公正に決定されます。供給と需要のバランスから導き出された価格によって、生産者と消費者の双方にとって公平な取引がされます。

③代金決済機能

卸売市場では、出荷者（生産者や仕入業者）への迅速で確実な代金の支払いが保証されています。この機能により、出荷者は販売代金を確実に受け取ることができ、経済的な安定につながります。

④情報受発信機能

市場の動向、価格変動、需要予測などの情報を出荷者と購入者双方に提供します。この情報共有により、生産者は生産計画が立てやすくなります。購入する側も戦略的に買うことが可能になり、市場全体の効率性が向上します。

これらの役割を通じて、卸売市場は青果物の効率的かつ公正な流通を支え、生産者から消費者までの橋渡し役として不可欠な存在となっています。

卸売市場を通じた野菜の流通ルートは、一連のプロセスを経て消費者に届けられます。この流れは次のように構成されています。

○生産者…農家が作った野菜は、最初に地元の農協（ＪＡ）へ運ばれます。多くの生産者はＪＡの組合員であり、ＪＡは野菜の集荷ポイントとして機能します。

○農協（ＪＡ）…生産者から届けられた野菜を品質や大きさに応じて選別します。

○卸売市場…選別された野菜は卸売市場へと運ばれ、ここで卸売業者が競売や相対取引を通じて仲卸業者・小売業者に販売します。

○仲卸業者…仲卸業者は卸売市場で野菜を購入し、小売店へと流通させます。

◯小売店…スーパーマーケットや八百屋が最終的に消費者に野菜を提供します。

このように、青果市場は多くの農家にとって、農産物を安定的に出荷できる重要な場所です。

近年は農産物の流通が多様化し、生産者は様々な販路を選択できるようになりました。しかし、直接販売する場合、販売先を自分で見つけ出し、商談を行い、商品を出荷した後で販売代金を回収するという一連のプロセスを、自ら行う必要があります。

また、小売業者にとっても必要な商品の調達を個別に行うことは、莫大な労力とコストがかかります。

卸売市場は、生産者が栽培した多様な野菜を集め、それを必要とする小売業者や飲食店とマッチングさせる重要な機能を果たしています。農産物の流通が円滑に行われることで、私たちの日々の食生活で新鮮な野菜が手に入るようになるのです。

ALL ABOUT THE VEGETABLES BUSINESS

3

野菜の販売価格の決め方

私たちがいつも買っている野菜の値段は、多くの要素に基づいて決定されています。その要素とは、供給と需要のバランス、生産コスト、流通コスト、市場競争、季節変動、天候条件、政府政策など複雑に絡み合っています。それらが相互に作用し合い、最終的な野菜の価格が形成されます。

卸売市場では、毎日の取引結果を公表し、市場内で商品の価格や取引数量が誰でも確認することができます。こうして、公正で透明性のある価格形成が保証されているのです。卸売市場での取引方法には「セリ」と「相対《あいたい》」という2つの方法があります。それぞれの特徴と役割を簡単に説明します。

○セリ

セリとは、１人の売り手と複数の買い手が競争し、取引価格を決定する方法です。公平で透明性の高い価格形成が可能で、特に高級品や希少価値のある商品（たけのこ、マツタケ、メロンなど）で行われる方法です。

○相対

相対は、売り手と買い手が１対１で交渉し、数量や価格を事前に決定する取引方法です。相対は大手量販店などがまとまった数量を扱う際に適しており、現在では取引の大部分が相対取引に移行しています。

さらに、野菜の価格を決めるときには、大きさ、形、品質、色などの一定の基準を表す「規格」が大きな役割を果たします。例えば、野菜の規格分類には次のような分類があります。

○大きさ（サイズ）

Ｓ（小）、Ｍ（中）、Ｌ（大）というように、野菜の大きさに応じて分類されます。大きさは直接的に商品の見た目や重量に影響を与えるため、消費者の購買意欲や使用目的に合わせて選択されます。

◯形や品質

A、B、Cという分類は、野菜の形状や色の良さ、傷や病害の有無など品質面での基準に基づいています。Aランクは最高品質を示し、Bランク、Cランクに従って品質が下がることを意味します。

◯色

色の鮮やかさも重要な規格の1つで、特に新鮮さや成熟度を示す指標となります。鮮やかで一様な色の野菜ほど高品質とされ、価格も高くなりがちです。

野菜の規格が価格にどう影響するかと言うと、一般に見た目が整っていて品質の高い野菜(例えば、大きくて形がきれいなAランクのLサイズ)は、高価で売られます。

これは、見た目が良い野菜を好む消費者が多いからです。特に、料理の見栄えや味を大切にするレストランやホテルでは、このような高品質の野菜が重宝されます。

一方、小さかったり形が不揃いだったりして、色や品質が劣る野菜（例えば、SサイズのCランク）は、安価で取引されがちです。しかし、これらの野菜も、加工食品の原料や特定の用途には適しており、それぞれのニーズを満たす重要な役割を持っています。

卸売市場での価格は、出荷される野菜の量と質、市場における需要、その他の外部要因によって毎日変動します。これは、農産物の公正な価値を維持し、生産者にとって安定した収入を保証し、消費者にとっては公平な価格での購入を可能にします。

市場が果たす役割は、単に取引の場を提供するにとどまらず、農産物の価値を評価し、情報を提供するプラットフォームとしても機能しています。これにより、生産者は市場の要求に応じた生産計画が立てられるのです。青果市場は農産物の供給と消費のバランスを取る上で欠かせない仕組みとなっています。

ALL ABOUT THE VEGETABLES BUSINESS

4 生産者の直接販売

卸売市場を介さずに野菜を直接販売する場合、生産者は飲食店、スーパーマーケット、個別のバイヤー、そして産直市場（直売所）など様々なチャンネルを通じて製品を消費者に届けることができます。直接販売することで、生産者と消費者の間の距離を縮め、新鮮な農産物をより迅速に市場に提供できます。

そこで、近年特に増えている野菜の直接販売には、どんな方法があるか見ていきましょう。

○飲食店

生産者は特定の飲食店と提携し、その店舗のメニューに合わせた農産物を提供するケースが増えています。こうした「ファーム・トゥー・テーブル」を実践している飲食店では、料理の独自性や品質に影響を与えますし、生産者にとっては安定した販路の確保が可能になります。

○スーパーマーケット

地元の野菜や果物を求める消費者の需要に応えるため、多くのスーパーマーケットは地元の生産者から直接仕入れを行っています。これにより、生産者は大量に販売できる機会を得られ、スーパーマーケットは新鮮さと地産地消の価値を提供できます。

○農産物直売所

生産者自身が運営する直売所や、地域共同で運営される産直市場などは、消費者が直接農産物を購入できる場を提供します。ここでは、生産者は野菜が育った背景や栽培方法など、製品に関する詳細情報をアピールできます。

○バイヤー

個々のバイヤーや小売業者と直接取引することで、高級スーパーや百貨店と取引ができ、高価格で製品を販売できます。これによって、農家やその野菜のブランド価値が上がり、生産者と消費者の間の信頼関係が生まれやすくなります。

○ファーマーズマーケット

地域内で定期的に開催される市場で、生産者が直接消費者に製品を販売します。直接のやり取りを通じて、商品に対する実際の反応を聞くことができます。そして、そのフィードバックをもとに商品の改善を行うこともできます。

このように、直接販売は生産者にとって収益を向上させる方法であり、消費者にとっては新鮮で質の高い商品を買えるという利点があります。さらに、インターネットやソーシャルメディアを上手く使った直接販売の例を紹介します。

○オンライン販売プラットフォーム

自社のウェブサイトや、Amazon、楽天市場などの既存のオンラインマーケットプレイスだけでなく、野菜専門の販売プラットホームやメルカリなど、多くの販売チャンネルで地理的な制限を超えての販売が可能です。

○野菜の定期便

定期的に新鮮な農産物をセットにして消費者に届けるサービスで、旬の採れたて野菜が楽しめるサービスです。生産者は安定した収入源が得られ、消費者は定期的に品質の良い食材を受け取ることができ、何が届くかわからない楽しみや普段買わない野菜を試す機会にもなります。

○コミュニティサポーテッドアグリカルチャー（ＣＳＡ）

生産者と消費者が直接つながり、地域の農業を支援しながら地元産の農産物を消費者に提供する仕組みです。畑のオーナー制度やクラウドファンディングを通して、生産者と消費者の間に強い絆を築いていきます。

インターネットの普及により、野菜の流通と販売方法に革命的な変化が起きています。特にオンライン市場の成長がこの変化を加速させ、生産者と消費者が直接つながりやすくなりました。この結果、生産者はより多くの利益を得ることができ、消費者は新鮮で品質の高い野菜をより安く直接買えるようになりました。

ALL ABOUT THE VEGETABLES BUSINESS

5

輸入野菜の役割

日本の食卓には、世界中から様々な野菜が届けられています。

1985年のプラザ合意による円高の影響から、日本にも海外から多くの野菜が入るようになりました。特に1990年から2000年の10年間で、輸入野菜の量は2.4倍に増え、国内の野菜自給率に大きな変化をもたらしました。

輸入野菜と聞くと、どんなイメージを持つでしょうか。価格が手ごろで多様な選択肢がある一方で、「安全性が心配」と感じる方も少なくありません。しかし、実は輸入野菜は私たちの生活に密接に関わり、多くの場面で大活躍しています。

例えば、生鮮野菜の中でもっとも輸入されている玉ねぎ、にんじん、ねぎなどは、国内では不足しがちな時期や、加工用途において特に重宝されています。

これらの野菜は、冷蔵コンテナで丁寧に運ばれ、コールドチェーンによって鮮度が保たれているので、遠い海外からでも新鮮な状態で私たちのもとへと届けられます。輸入野菜の主な供給国は中国とアメリカで、この2国からの輸入が全体の約７０％を占めています。

特に中国からの輸入は、１９９０年代は25％のシェアでしたが、２０００年には45％にまで増加しました。この背景には、中国の経済改革や道路や港湾といったインフラの発展、さらには日本の商社による積極的な取り組みがあります。

例えば、玉ねぎは現在中国からの輸入量が大半を占めています。２０００年までは価格の安い大玉系のアメリカ産が主流でしたが、２００１年に中国産玉ねぎの輸入量が前年の3倍以上に急増し現在に至ります。

中国産玉ねぎの輸入増加の背景には、

・日本市場が求める大玉系のアメリカ品種の生産量を増やしたこと
・産地リレーを活用して周年を通じた供給を可能にしたこと
・剥き玉ねぎ（皮をむき、根などを取り除いた状態）の輸出を実施したこと

といった、中国の積極的な取り組みが挙げられます。

特に、剥き玉ねぎの提供は、加工・業務用市場において、手間と廃棄物処理のコストを削減できる点が大きな決定打となりました。

これらの取り組みにより、中国産の輸入野菜は日本の市場で人気になりました。中国からの輸入野菜が使いやすいとされるのは、価格の安さだけでなく、市場のニーズに応える商品の質の改善とサービスの向上が大きな理由です。

この事例から、輸入食品市場で競争するには、単に価格の低さだけでなく、市場の要望に応える商品開発とサービスが重要であることがわかります。


現在70カ国以上から輸入される野菜は、コールドチェーンシステムによって新鮮な状態で届けられます。これらの野菜は、国内の野菜と同じく残留農薬や微生物の基準が適用され、厚生労働省によって厳しい検査が行われています。

つまり、輸入野菜も国産野菜と同じ安全基準で管理されているので、安心して食べられるということです。

手頃な価格で提供される輸入野菜は、中食や外食産業、加工食品業界にとって重要な食材であり、私たちの食生活を豊かにしています。

また、輸入野菜は、労働力不足や高齢化に直面する国内野菜にとっても重要な存在です。国産野菜の生産量が少ない品種や、野菜が少なくなる時期にギャップを埋めてくれる輸入野菜は、私たちの生活になくてはならない役割を果たしています。

しかし、輸入野菜の増加は国内の農家に複雑な影響を与えているのも確かです。価格競争や生産方法の改善が必要な場面もあります。それに対し、国内での農業政策や技術の進歩によって、より効率的で持続可能な生産を目指す動きも進んでいます。

これからも、輸入野菜の利点と国産野菜の価値のバランスを取っていくことが求められるでしょう。

ALL ABOUT THE VEGETABLES BUSINESS

6 野菜流通に欠かせないトレーサビリティ

近年、商品の流通においてトレーサビリティ（追跡可能性）が重要視されています。トレーサビリティとは、製品や原材料がどのような経路を通り、私たちのもとへ届くのかを追跡・記録するシステムです。このシステムは、食品の安全性を保証し、品質管理や不正防止、生産地証明などに役立ちます。

このトレーサビリティにより、食品が製造されてから消費者に届くまでの全過程を透明にし、問題が発生した場合には迅速に原因を特定し対処できるようになります。

世界各国でトレーサビリティの導入が進んでおり、ＥＵでは食品に関わるすべての事業者に、食品の入荷先と出荷先の記録が義務づけられています。また、日本の生産者にも、国際的な食品安全基準に準じたトレーサビリティへの参加が求められています。

トレーサビリティシステムを導入するメリットには、次の3つがあります。

①改ざん防止

トレーサビリティシステムにより、食品や農産物の生産から配送に至るまでの情報が正確に記録され、追跡でき、情報の改ざんが防げます。これにより、消費者は安心して買うことができ、生産者は自己防衛になります。

例えば、配送中に農産物が損傷した場合でも、トレーサビリティがあれば、どこで問題が起きたのかをはっきりさせることができます。この迅速な対応は、消費者や取引先の信頼を保ち、ビジネスの安定にもつながります。

②情報と物理的な商品の一致保証

記録されている情報と、実際に消費者の手に渡る商品が一致していることが保証されます。これにより、商品がどこで生産され、どのように加工されたかを正確に知り、偽造品の流通を防ぐことができます。問題が発生した場合にも、迅速に原因を特定し、経済的な損失を最小限に抑えられます。

③ブロックチェーン技術との相性

ブロックチェーン技術を利用したトレーサビリティシステムは、食品の安全性を高め、追跡情報を明確にします。例えば、QRコードを読み取るだけで、食品の生産者や生産地、生産方法、流通経路などの詳細がすぐにわかります。これにより、消費者は安全な野菜を簡単に選ぶことができます。

ブロックチェーン技術を活用することで、従来の紙による追跡よりも速く食品の追跡ができるようになります。温度管理が必要な製品の配送状況もリアルタイムで監視できるため、安全に効率よく配送することが可能です。

トレーサビリティシステムは、食品や農産物だけでなく、種子、肥料、農薬など食品生産に使われるすべての要素を追跡します。海外からの輸入品に対しても同じく、高い透明性が求められています。

このシステムは生産者、流通業者、そして消費者すべてにとって信頼できる食品供給システムを築くのに役立っています。食品の安全と透明性をさらに確保するために、これからも農産物管理のシステム化が重要になってきます。

ALL ABOUT THE VEGETABLES BUSINESS COLUMN

鮮度をキープする保存方法

野菜は収穫後も生きているので、酸素を消費しながら二酸化炭素と水、エネルギーを生み出す「呼吸」をします。この呼吸の速度が、野菜の鮮度と保管期間に大きく影響します。

野菜によって呼吸の速さは異なり、温度や周囲の環境によっても変わります。呼吸が速い野菜はエネルギーをすぐに使い果たし、鮮度が早く落ちて保管期間も短くなりがちです。逆に、呼吸速度が遅い野菜はエネルギーをゆっくり消費するので、長い期間鮮度を保つことができます。

次に、具体的な野菜の呼吸速度を見ていきましょう。

①呼吸速度が早い野菜の例

・リーフ野菜（レタス、ほうれん草など）…葉物野菜は一般に呼吸速度が早く、収穫後に素早く水分を失いやすい点が特徴です。これは葉の表面積が広く、水分蒸発が進んでしまうからです。

・きのこ類（しいたけ、まいたけなど）…きのこ類も高い呼吸速度を持ち、収穫後は迅速な冷蔵が必要です。
・アスパラガス…代謝が盛んな野菜で収穫後もその活動が続くため、呼吸速度が高くなります。

②呼吸速度が遅い野菜の例

・根菜類（じゃがいも、にんじん、大根など）…根菜類は呼吸速度が低いものが多く、長期間の保管に適しています。これは、根という構造が外界の影響を受けにくく、水分蒸発を抑えられるためです。
・かぼちゃ…硬い皮を持つかぼちゃは、内部の水分が蒸発しにくく、呼吸速度が遅いため、長期間保存が可能です。
・玉ねぎ…低い呼吸速度を持ち、風通しが良い条件では数ヶ月間保管できます。

このような野菜ごとの呼吸速度を理解した上で、家庭でも野菜を新鮮な状態で長く保管する方法をご紹介します。

①適切な温度で保管する

野菜は、種類によって保存に適した温度があります。室内や冷蔵庫内の適切な場所に分けて保管します。

・10～15℃（きゅうり、じゃがいも・さつまいも・しょうが・玉ねぎ・かぼちゃ）
・5～10℃（オクラ、トマト・なす・ピーマン・アスパラガス・里芋・さやいんげん）
・0～5℃（かぶ、キャベツ・レタス・ブロッコリー・にんじん・白菜・ほうれん草・大根・れんこん）

②湿度をコントロールする

野菜の鮮度を保つためには、適切な湿度の管理が欠かせません。多くの野菜は、90％以上が水分でできており、水分が失われると鮮度が落ちる原因になります。しかし、湿度が高すぎるとカビや腐敗を引き起こします。

葉物野菜は特に高めの湿度を好むので、新聞紙やキッチンペーパーで野菜を包んでから、ビニール袋に入れて冷蔵するのがいいでしょう。湿度を保ちながら余分な水分を吸収して鮮度を保つことができます。

根菜類は低めの湿度を好む傾向があるので、紙袋で保存したり、ビニール袋に入れる場合は、袋に小さな穴を開けて空気の流通を良くすると湿気で腐りにくくなります。適切な湿度を保つことで、野菜の鮮度は長持ちします。

③エチレンガスに注意する

果物や野菜が成熟する際に放出されるエチレンガスは、周りの果物や野菜を速く熟成させたり、腐らせたりします。

エチレンガスを多く出す野菜や果物（りんご、バナナ・トマト・アボカドなど）と、エチレンガスに弱い野菜や果物（じゃがいも・にんじん・ブロッコリー・ほうれん草など）は、別々に保存してください。これで、それぞれの鮮度を長く保つことができます。

保存温度によって野菜の風味が変わってしまうものもあるので、適切な温度で保管することが大切です。野菜を長持ちさせるためには、定期的に冷蔵庫をチェックし、傷んでいるものを取り除きましょう。

野菜の鮮度を保つことは、健康な食生活や食品ロスを減らす上でも重要です。正しい保存方法を身につけ、毎日の食卓をより豊かなものにしていきましょう。

第6章

お取り寄せに学ぶ野菜ギフトの世界

Chapter 6 :

The world of vegetable gifts

ALL ABOUT THE VEGETABLES BUSINESS

1
お取り寄せで楽しむ新鮮野菜の詰め合わせ

インターネットが普及し、全国各地の特選品を手軽に注文できるようになりました。特定の地域でしか手に入らない食品や特産品、グルメ品を注文して自宅に配送してもらう「お取り寄せ」もずいぶん一般化してきました。

最近、お取り寄せの商品を扱うサイトの中でも、野菜専門のサイトが増えてきています。これによって、日本全国の様々な地域の野菜を簡単に味わえるようになりました。特に「新鮮な野菜の詰め合わせ」は人気商品として、ここ数年でその数を大きく増やしています。そこで、野菜のお取り寄せの人気の理由について見ていきましょう。

○品質と鮮度

新鮮な野菜は、その味わいや栄養価の高さが魅力です。市場やスーパーで購入するよりも、新鮮で採れたての風味を楽しむことができるのは、産地直送ならではです。

○地域特有の品種

各地域にはその地でしか味わえない特有の野菜品種があります。野菜の詰め合わせは、普段は手に入らない珍しい野菜や伝統野菜を試すことができます。

○安心・安全への信頼

生産者から直接送られる野菜は、生産背景や栽培方法がわかりやすく、消費者は安心して購入できます。特に、有機栽培や減農薬栽培など、特定の栽培方法にこだわった野菜の需要が高まっています。

○野菜の季節感

その季節に旬を迎える野菜の詰め合わせは、食卓に季節の変わり目を感じさせ、その時期ならではの味わいを提供します。

◯贈答用としての利用

新鮮な野菜の詰め合わせは、見た目にも鮮やかで健康的なギフトとして喜ばれます。特別な日の贈り物や、健康を気遣う方へのプレゼントとして選ばれるケースもあります。

◯料理の楽しみ

健康志向への高まりから、自宅で様々な料理に挑戦したいというニーズが増えています。そうした傾向の中で、新鮮な野菜の詰め合わせは日々の食生活に新鮮さと楽しみをもたらしてくれます。

このような特徴を持つ「新鮮な野菜の詰め合わせ」は、インターネットを通じて簡単に購入できます。地域限定の野菜セットは、遠く離れた地域のおいしい野菜や珍しい品種を試す楽しみがあり、新しい味覚の発見につながります。

また、食育の面からも、季節ごとに旬を迎える野菜の重要性や地域ごとの野菜の違いに気づき、健康的な食品の選び方を身に付ける機会にもなります。

これらの野菜セットが人気を集める理由は、日々の食生活に新鮮さとバリエーションを加えるだけでなく、地域の農家を支援し、環境に優しい選択をすることが現代の消費者にとって重要な価値だからです。

ALL ABOUT THE VEGETABLES BUSINESS

2

お歳暮で売れる1本1万円のねぎ

ねぎは日本の食卓で欠かせない身近な野菜の1つです。生では、そのシャキシャキした食感と独特の香りや辛みが魅力ですが、火を通すと甘みが増し、とろりとした柔らかな食感が楽しめます。

ねぎには大きく分けて、「葉ねぎ（青ねぎ）」「中間種」「白ねぎ」の3種類があり、なかでも白ねぎは、その太さや長さの個体差が大きいのが特徴です。贈答品としても選ばれることの多い品種です。

市場に出荷されるねぎは、厳しい規格によって分類されます。例えば、夏ねぎは白い部分が長さ27cm以上、春ねぎや秋冬ねぎは30cm以上が求められます。太さに関しても、Sサイズは直径1・3cm未満、Mサイズは直径1・5cm未満、Lサイズは直径2cm未満、2Lサイズは直径2・5cm未満と、細かく決められています。市場に流通するサイズは2Lサイズまでで、それ以上の3L~5Lサイズのねぎは規格外とされ、見た目や味わいに関わらず、出荷することができません。

そこで最近、特別な品質の規格外野菜を高級な贈答品として販売するアイデアが注目されています。

例えば、「ねぎびとカンパニー」が作る、糖度20度以上の特大「寅ちゃんねぎ」は、300万本の中から数本だけしか選ばれず、1本1万円で売られる贈答品として話題になっています。このねぎは明らかに違う見た目で、どっしりとした太さで柔らかいのが特徴です。サイズによって2種類の商品があります。

・モナリザ…4L~5Lサイズ1本1万円
・真の葱《ねぎ》…3L~4Lサイズ8本1万円

また、江戸時代に徳川幕府や大名への献上品とされていた下仁田ねぎも、贈答品として人気があります。その独特の甘みと柔らかな食感は、鍋物に使うと絶品です。その中でも丈が短く太い白根が特徴の特選品も贈答品として人気の商品です。

・特選下仁田葱「殿様」…２Ｌサイズ約20本１万円

これらの高級ねぎは、期間限定で売り出され、あっという間に売り切れてしまうほど人気です。ねぎが１万円と言うと驚きますが、これは単なる野菜ではなく、特別な価値を持つ贈り物として見られているようです。

ほかにも、贈答品として選ばれるねぎには、縁起が良いという理由で人気の商品があります。

◯ひたち紅っこ　赤ネギと長ネギの食べ比べセット　５キロ２５００円

茨城県特産の赤ねぎは、生産者が少なく希少価値が高いねぎです。アントシアニンを多く含み、抗酸化活性や総ポリフェノール含量が白ねぎよりも多いのが特徴です。柔らかく甘みがあり、加熱すると甘みが増します。

◯千寿葱（金品極太）　８本～10本５３００円

ねぎ農家6代目の金次郎さんが育てる、土の力が違うと評される極上の長ねぎです。１本の重さが６００ｇ近くあり、市販のねぎと比べて格段に太く重いのが特徴です。特に年明け以降に収穫された物は糖度と旨みがさらに増します。

○富来葱極《とみくねぎきわみ》　8本～10本入り5400円

１００本に１本の割合で取れる、太さ２・５ｃｍ以上糖度20度以上の最高級の富来ネギです。有機１００％の魚ぼかし肥料や酵素発酵菌、国東の高級牡蠣殻を使用した有機栽培で作られています。

このようなねぎは、独特の特性や栽培方法によって、贈答品としての魅力が高まっています。縁起を重んじる日本人にとって、特に選ばれる理由になります。

また、期間限定品や数量限定品など希少価値の高い商品は、珍しい食体験を提供するために選ばれ、受け取った方に喜ばれることは間違いありません。

これは、様々な食べ物を楽しむ文化や、地元の名産に関心が高まっていることを示しています。今まで知らなかった新しい野菜を試すことが、新たな価値を生んでいることがうかがえます。

ALL ABOUT THE VEGETABLES BUSINESS

3 ― 松茸よりも高級なきのこが生まれる？

野菜とは少し違いますが、きのこ類も野菜として分類されることがあり、長くギフト品として楽しまれています。

例えば干し椎茸は、その独特の旨味と栄養価の高さで、日本の食文化において長く高級ギフトとして重宝されてきました。乾燥により椎茸の旨味と栄養が凝縮され、家庭の食卓に欠かせない存在になっています。

徳島県、北海道、岩手県などが椎茸の主要な生産地であり、大分県は干し椎茸生産の中心地として知られています。なかでも「どんこ」という品種は、その肉厚で濃厚な味わいが特徴で、干し椎茸の高級ギフトとして長く愛されています。

一方、最近では椎茸に関する研究開発が進み、特に生の椎茸が高級ギフト市場で注目を集めています。この新しい動きは、生の椎茸に新たな視点を加え、椎茸をより一層魅力的なものにしています。特に次の2つの椎茸が高級ギフトとして注目されています。

○のとてまり

石川県の珠洲市、輪島市、穴水町、能登町だけで生産されています。直径8cm以上、肉厚3cm以上、巻き込み1cm以上の基準があり、認証基準を満たす商品は45％しかありません。石川県だけで流通する希少な椎茸です。

通常価格は1個4000円を超え、500グラムで2万3000円と高価格の品種です。

2024年1月の地震では、多くの椎茸が全滅しました。しかし、穴水《あなみず》高校の「のとてまり」の栽培プロジェクトで、地震後に復旧し収穫した「のとてまり」は金沢市中央卸売市場で競りに掛けられ、1箱8個入りが11万円という高値で落札されました。

○天恵菇《てんけいこ》

徳島県で開発された椎茸の新品種で、全国で栽培している農家は20件のみです。直径7cm以上で肉厚、アワビのような食感で、旨味成分のグアニル酸が通常の椎茸品種と比べて約2倍含まれています。

２０１５年にはグッドデザイン賞を受賞し、同じくFOODEX JAPANでは、「美食女子コンテスト」で最高賞グランプリという高い評価を受けています。

また、ドイツで開催された世界最大の食の見本市「アヌーガメッセ」に2回連続で出展し、欧州や米国（ニューヨーク）のレストランでも人気を博しています。

価格は1個あたり１０００円から３０００円で販売され、３個セットで1万円という高級贈答品としての位置づけがあります。


この2つの椎茸に共通するのは、その驚くべき食感とうま味です。「アワビのような噛み応え」と表現されるように、弾むような歯ごたえと濃厚な味わいは一般的な椎茸とは別物です。特に蒸し焼きにするとうま味が凝縮され、ジューシーでコリコリとした食感は、もしかしたらアワビよりおいしいかもしれません。一口食べれば忘れられないほどの深い味わいは、まさに特別な体験を提供してくれます。


この高級椎茸は、その肉厚さと大きさを活かして様々な料理に使用できます。特に、厚切りにしてステーキやホイル焼きにすると、そのおいしさをより一層感じられます。

実際に、伝統的な日本料理や創作料理を提供する飲食店では、幅広いメニューに使われているようです。調理法によっては、柔らかく繊細で口溶けの良い食感にもなり、その使いやすさが高級食材として選ばれる理由の1つとなっています。

日本で椎茸が一般に広く食されるようになったのは9世紀頃とされ、弘法大師が唐から帰国した後、干し椎茸の食習慣をもたらしたと言われています。初めは上流階級に愛された椎茸ですが、栽培技術の発展した江戸時代には庶民の間にも普及しました。

明治時代には、椎茸は松茸よりもはるかに高価で、価格差は10倍近くになっていたと記録されています。

しかし、戦後の燃料革命がアカマツ林の状態を変え、松茸の生育環境に悪影響を及ぼしました。人工栽培が難しい松茸は希少価値が高まって価格が上昇した一方で、椎茸は栽培技術の進歩により生産量が増加し、価格は逆転しました。

その後も、食の多様化や中国からの干し椎茸の輸入増によって、かつての高級食材としての地位は影を潜めることとなりました。

そんな椎茸は、新しい品種の開発によってその価値が再評価されています。近い将来、松茸との価格関係が逆転し、最高級のきのことしての地位を獲得する日も近いかもしれません。

ALL ABOUT THE VEGETABLES BUSINESS

4　女性に人気の干し芋ギフト

干し芋はヘルシーで、その自然な甘さと栄養価の高さから、健康を意識する人や女性を中心に愛されています。

一般的にはシンプルな製法で作られ、主原料はさつまいものみです。砂糖や食品添加物を一切加えずに製造されるので、素材の良さをそのまま楽しむことができます。

かつては長期保存が可能な食品として重宝されていましたが、現代では純粋な味わいとヘルシーさから、高級スイーツとしてや、大切な人への贈り物として選ばれることも多くなりました。

干し芋には次の3つの形状があり、それぞれ製法や食感が異なります。

①平切り…薄く切って干した、干し芋のスタンダード。食べやすくネットリ感や甘みを感じやすい。

②丸干し…小ぶりのさつまいもを丸ごと干したもの。水分が多くもっちりとした食感。
③角切り…ステック状に切って干したもの。手が汚れにくく食べやすい。

干し芋が出来上がるまでには、次のように多くの手作業が必要になります。

①さつまいもを洗う…皮付きのまま蒸すので、土や汚れをきれいに洗い流します。
②蒸す…弱い圧力で90～120分ゆっくり時間をかけて蒸します。
③皮を剥く…熱々のうちに手作業で皮を剥きます。
④スライス…ピアノ線の裁断機で1cm間隔にスライスします。
⑤天日干し…1枚ずつ並べて天日にさらし平切りは約7日、丸干しは約14日間干します。

干し芋の表面に見られる白い粉は、実は麦芽糖の結晶です。これが干し芋特有の濃厚な甘みと上品な後味を加えています。

しかし、この白い粉はカビと間違えられがちなので、最近では白い粉のない干し芋も多く見られます。もし白い粉を取り除きたい場合は、袋ごと75℃のお湯で10～15分温めてください。白い粉が消えて、食感も柔らかくなります。

日本の干し芋生産では、茨城県が国内シェアの90％を占めており、主流となる品種に「タマユタカ」があります。この品種は、黒っぽい色と粘り気のある食感が特徴で、噛むほどに甘みが出て、段々と歯に張り付くような粘りが出てきます。昔ながらの干し芋と言えばこのタイプです。

また最近は、「紅はるか」や「シルクスイート」「いずみ」などの品種も人気があります。特に「紅はるか」は干し芋に適した品種で、その鮮やかな黄金色とねっとりした口当たり、濃厚な甘みとすっきりとした後味で、スイーツとしても楽しめる高級な贈答品です。

紅はるかの糖度は非常に高く、干し芋に加工するとその甘さが一層増します。一般的なさつまいもの糖度が7度ほどなのに対し、紅はるかの糖度は約30度。焼き芋にすると50度ほどまで上り、干し芋ではなんと、70度以上になります。

紅はるかは、各地域でいろいろな名前で販売されています。例えば、大分県の「甘太くん」、宮崎県の「葵はるか」、新潟県では「いもジェンヌ」、茨城県では「紅優香」や「紅天使」があります。これらの地域では、それぞれの名前で独自のブランドを作り、品質向上の取り組みが行われています。

ALL ABOUT THE VEGETABLES BUSINESS

5

雪を逆手に取った期間限定の野菜

冬になると、雪国で特別な野菜が出回ります。これは「雪下野菜」と呼ばれ、その甘さとみずみずしさで人気があります。キャベツ、にんじん、大根、白菜などの雪下野菜は、雪中野菜や越冬野菜とも呼ばれ、一般の野菜とは一味違う美味しさです。

雪下野菜は、雪国の伝統的な冬の栽培方法から生まれました。夏や秋に植えられた野菜を、雪が覆う冬の間、地中で越冬させる技術です。雪が多く農業が困難な地域でも、新鮮な野菜を保存するために昔から用いられていました。

生産者は、雪で覆われた畑から、雪を掘り起こして野菜を収穫します。大変そうな作業ですが、収穫された野菜はみずみずしく、特別な甘みが蓄えられているのです。

なぜ雪下野菜は、特別な甘みを蓄えることができるのでしょうか。

それは、寒さによって野菜の細胞が凍るのを防ぐため、野菜が自然に糖分を生成するからです。でんぷんが糖に変わることで、野菜は凍ることなく生き延び、甘さが増します。雪が外気の寒さから野菜を守り、鮮度を保ちながら保存されるので、甘く、みずみずしく、パリパリした食感の野菜ができあがるのです。

日本でも有数の豪雪地帯として知られる新潟県津南町の雪下にんじんは、雪下野菜の中でも特に注目を集めています。

３メートルを超える雪の層の下で越冬した雪下にんじんは特に柔らかく、フルーツのような甘さになります。雪下野菜の中では唯一、国の地理的表示（ＧＩ）保護制度に登録されています。

雪下野菜と同じく、最近では「雪室野菜」と呼ばれる野菜も見かけるようになりました。これは、収穫後に雪を利用して作られる、天然の冷蔵庫で貯蔵された野菜です。

雪室は雪国の厳しい冬の生活から生まれた、地域特有の知恵です。たくさん降り積もった雪を山のように積み上げ、藁《わら》などで囲い、新鮮な食材の保存や夏の冷蔵庫として活用されてきました。

現代では、雪室に入れた食品を振動や乾燥、光から受ける影響から守って、鮮度やおいしさを長持ちさせています。また、食品の熟成や風味を高めるためにも再び注目されています。

近代化された雪室では、雪の冷気と野菜から発せられる熱が自然対流によって循環し、内部の温度は1℃から5℃、湿度は90％から95％と一定に保たれています。一般的な電気冷蔵庫に比べ温度の変動が少なく、1年中安定した低温での貯蔵が可能です。近年は特に、環境に配慮した貯蔵方法として注目されています。

3月に雪室貯蔵庫に運び込まれた雪は、夏には予冷庫として機能し、秋から冬にかけては雪室貯蔵野菜を保管する場所となります。

この自然の恵みを活用することで、米や野菜は糖化してより甘くなり、肉はドリップが少なくなることで質の高い熟成肉へと変わります。

これらの効果は研究によっても確認されており、雪室は単なる保存方法を超え、食材の風味を高めるために不可欠な技術となっています。

特に、雪室で貯蔵した野菜は、雪下野菜と同様に、凍結を防ぐために甘みや水分を増やします。この雪がもたらす「低温糖化」という現象は、野菜が美味しくなる秘密の1つなのです。

ALL ABOUT THE VEGETABLES BUSINESS

6

規格外野菜の新たな切り口

スーパーや市場で見かける、完璧な形や色をしている野菜の多くは、決められた規格によって選ばれた、見た目が美しい野菜です。一方で、規格から外れた野菜は味や栄養価に変わりはなくても、見た目が悪いだけで安く売られたり、加工に利用されたりします。

こうした規格から外れた野菜は、いまだに廃棄される場合も少なくありません。

野菜の廃棄問題は食品ロスの課題とされ、国や企業などで改善するための取り組みが行われています。とはいえ、規格に当てはまらない野菜がそのまま販売されるケースはまだ少なく、一部で安く売られているのが現状です。

しかし、近年では、規格外野菜を販売するための新しい取り組みが登場し、オンラインショップなどを介して生産者が消費者へ直接販売しています。

「食べチョク」「らでぃっしゅぼーや」「ポケットマルシェ」などの産直野菜のオンライン

ショップを使い、規格外や訳あり野菜も買うことができるようになったのです。ふるさと納税サイトでも、規格外野菜の商品が増えています。

さらに、最近では規格外野菜だけを専門に扱う販売サイトも出てきました。私が注目している2つの企業を紹介します。

◯ロスヘル

全国各地から調達した規格外野菜の定期宅配サービスです。

信頼できる野菜の生産者から、安全安心な規格外野菜を仕入れて、通常のスーパーマーケットよりも最大30％安く販売しています。リサイクルしやすいダンボールや新聞紙を採用し、最低限の包装で配達しているのも特徴的なサービスです。

◯みためとあじはちがう店

大田市場直送の規格外野菜の販売サイトです。

市場流通の規格に合わない野菜や、市場流通の過程で多少傷がついたもの、変形したものを取り扱っています。市場から直接配送のメリットを生かし、最短で低コストの配送が可能です。

このような販売サイトの登場により、規格外野菜への消費者の関心が高まっています。農家が丁寧に育て、品質にこだわった野菜は、見た目には規格外だとしても、おいしさや栄養価に優れているという認識が広まっているのです。

こうした背景から、規格外野菜を販売する企業も積極的になり、新たな販売チャンネルや販売方法が生まれ、多くの消費者に届けられるようになりました。また、規格外野菜のネーミングを工夫し、個性的で魅力的な商品として販売される例も増えています。

市場の流通規格に合わない野菜は、産地や流通過程の中で廃棄されるケースが多く、見た目を重視する傾向が食品ロスを引き起こしています。

この問題に対処するため、農林水産省は野菜や果物の「脱見た目」や規格外のブランド化を後押しする取り組みを行っています。企業や団体のネットワークを作り、情報発信を行うなど、規格外野菜に新たな価値を与える動きが広がっています。

見た目が悪いからと捨ててしまったり、どうせ捨てるからと安く売るのではなく、それ以外の価値を大切にする取り組みが増えれば、消費者にとっても生産者にとってもメリットが生まれるはずです。

ALL ABOUT THE VEGETABLES BUSINESS COLUMN

新潟の枝豆リレー

新潟県は、日本一の枝豆作付面積を誇る地域です。しかし、枝豆の出荷量は全国で7位に留まっているという興味深い調査があります。

これは、新潟県の枝豆があまりにもおいしいので、家族や親戚、知人の間で大量に消費されてしまうからと言われています。

米作りが盛んな新潟では、枝豆は「畦豆《あぜまめ》」としても知られています。これは田んぼの畦道《あぜみち》に植えられた枝豆が、その強く張った根で畦道をしっかり支えていたことに由来しています。地元の農家の人々にとって、自家栽培の枝豆を食べるのは日常の風景でした。

新潟県の枝豆は、その多様な品種が大きな魅力となっています。約40種類もの枝豆が栽培されており、それぞれの品種ごとに旬が異なります。そのため、5月から10月にかけての約半年間、さまざまな品種の枝豆が次々と収穫されます。品種ごとに独自の特徴があり、新鮮でおいしい枝豆を品種のリレーで長く楽しむことができるのです。その中からおすすめの品種を紹介します。

①弥彦むすめ（**5月中旬～6月下旬**）
爽やかな風味と甘みが特徴の極早生品種。新潟県産の枝豆の中でもっとも出荷が早く、県民に初夏の訪れを告げる野菜として根づいています。

②陽恵《ようけい》（**6月中旬～7月上旬**）
緑豆ながら、茶豆のような濃厚な香りと甘味が特徴の白毛の早生品種。別名「香り枝豆」とも言われています。

③初だるま（**6月下旬～7月下旬**）
爽やかな甘味と香りが特徴の極早生品種。豆が大きく食べごたえがあるので、夏を先取りする品種として人気です。

④おつな姫（**7月上旬～7月下旬**）
茶豆のような甘みと香りがあり、うま味のバランスの良い白毛早生品種。茹で上がりの緑色が鮮やかです。

⑤湯あがり娘（7月中旬～8月上旬）
茶豆のような風味があり甘みの強い早生品種。数ある枝豆の中でもショ糖含有量が多く、その美味しさに多くのファンがいます。

⑥新潟茶豆（7月下旬～8月中旬）
さやが小ぶりで甘みと旨みがある茶豆品種。さやと薄皮が茶色で新潟県の枝豆作付面積の約半分を占めています。

⑦黒崎茶豆（8月初旬～8月中旬）
コクのある甘みと芳醇な香りがおいしい茶豆品種。薄皮の茶色が特徴で味の良さに秀でた新潟県が誇るブランド枝豆です。

⑧越後ハニー（8月下旬～9月上旬）
香りと風味がよく、枝豆の中でもっとも甘いと言われる茶豆品種。別名「砂糖枝豆」とも呼ばれ、数種類の茶豆から味が良いものを改良して誕生しました。

⑨新潟あま茶豆（**8月中旬〜9月上旬**）
甘みが強く、茹でたての芳醇な香りが特徴の品種。山形県の"だだちゃ豆"を新潟県で育てたものが「あまちゃ豆」です

⑩ピカリ茶豆（**8月下旬〜9月上旬**）
黒埼茶豆のような香りとコクがあり、実入りの多い茶豆品種。ボリュームがあるので枝豆の王様とも呼ばれています。

⑪雪音《ゆきね》（**8月下旬〜9月上旬**）
茶豆風味の強い香りと甘みが特徴の白毛品種。サヤが大きくふくらみが良く、ボリュームがあります。

⑫ばんしゃく茶豆（**8月下旬〜9月上旬**）
茶豆風味の香りと甘みが豊かで、味わいが良い「極上の枝豆」。サヤが大振りなのが特徴で、ボリューム感もあります。

⑬秘伝《ひでん》（9月中旬〜10月上旬）

大粒で食べごたえがあり、味が濃いことで知られる晩生品種。枝豆シーズンをしめくくる枝豆として人気です。

⑭肴豆《さかなまめ》（9月下旬〜10月上旬）

さやが魚のように反っていて、実が大きく香りが良い晩生品種。収穫期間が、10日間ほどしかないことから、幻の枝豆とも言われています。

枝豆は成長期に十分な日光を浴びることで養分を蓄え、旨み成分を増やします。新潟の枝豆は2〜7月にかけて種を蒔き、5月中旬から10月まで収穫されます。この期間中、新潟の日照時間は関東地方より長く、成長のタイミングで十分な日光を得ていきます。

枝豆は、豆が大きくなり過ぎるとうま味と糖分が減少してしまうため、新潟県では「実入り8分」と呼ばれる方法で、豆が適切な大きさに達する前に収穫を行います。これは、外見よりも味わいを優先するための工夫です。

第7章

「ファーム・トゥー・テーブル」から学ぶ野菜トレンドの世界

Chapter 7 :
The world of vegetable trends

ALL ABOUT THE VEGETABLES BUSINESS

1

消費者に野菜を直接届ける「ファーム・トゥー・テーブル」

最近のレストランメニューに、「自家製野菜の○○」といった記載を見かけます。これは、新鮮な野菜が料理の質を高めるという、現代の飲食店のトレンドを反映しています。この動きは、「ファーム・トゥー・テーブル（Farm to table）」という考え方に基づいていて、直訳すると「農場から食卓へ」となります。

アメリカの西海岸で2010年代に始まったこの流れは、安全で新鮮な食材を生産者から直接消費者に届けることを目的としています。特に野菜の新鮮さは、味の良さに大きく影響するため「ファーム・トゥー・テーブル」の考え方は多くの飲食店に支持されています。

料理における食材の鮮度は、シンプルなサラダから複雑な料理まで、どんなメニューにも深みと豊かさを加えます。特に地元で収穫された野菜は、新鮮な状態で届くため、味わいと栄養が保たれ、料理をより鮮やかで活力のあるものにします。

例えばトマト1つをとっても、完熟した状態で収穫されたものは、酸味と甘みの完璧なバランスを持っています。それをピザのソースにしたり、サラダのアクセントとして加えれば、新鮮な風味で料理が一層引き立つことでしょう。

また、野菜の新鮮さは口に入れた瞬間の食感から感じることができます。シャキシャキとした食感やジューシーさが口に広がると、食事の満足感をぐっと引き上げます。

「新鮮でオーガニックな食材を、農場から食卓へ」という考え方は、世界中の料理現場で注目されています。これは料理の美味しさだけでなく、近年高まる健康志向や環境問題に対する意識とも密接に結びついています。

ファーム・トゥー・テーブルに取り組む飲食店で食事をすることは、消費者にとっても魅力的です。具体的にどんなメリットがあるか、次から見ていきましょう。

◯味の質向上

新鮮な食材は風味が豊かで、本来の風味を楽しめます。シンプルな調理法と少ない調味料でも味わい深い食事を楽しめます。

◯環境への貢献

地元の農家から直接購入することは、食材の配送がスムーズになり、食品ロスの削減にもつながります。また、配送距離が短いと梱包を簡単にすることができるため、環境への負荷が大きく減ります。

◯地域経済の支援

地元の農家や生産者を支援することは、地域経済の活性化につながります。地元で採れた新鮮な野菜を購入することは、地元での雇用が生まれ経済の循環を良くします。地域の農業が盛んになることは、地域全体の豊かさにつながります。

◯特別な食体験

農場ツアーや収穫体験などを通じて、食事するだけでは得られない特別な価値を提供することができます。これらの体験を通して、生産者の苦労や自然の恵みへの感謝を深めることができます。また、季節感のある食材を味わうことができ、年間を通じて食の多様性を楽しめます。

日本各地で「地産地消」の取り組みが広がり、生産者と消費者のつながりや、環境に優しい食材の使用が注目されています。料理人たちは、農家との直接契約や地域の直売所などから新鮮な野菜を調達するなど工夫をしています。

その土地で育てられた野菜や自生する野草や山菜などを中心に使うことは、その地域の文化を反映し、継続可能な料理へとつながっていくのです。

ファーム・トゥ・テーブルは、地元の食材を活用し、環境への負荷を減らしながら地域社会へ貢献する素晴らしい取り組みです。この活動を通じて、飲食業界が環境問題に積極的に取り組むことで、より多くの人々に影響を与え、新しい食のトレンドを生み出していきます。

地元の食材の良さを再発見し、それを生かした食事は、地球と上手に共存していくための理想的な方法なのです。

ALL ABOUT THE VEGETABLES BUSINESS

2

料理人はなぜ野菜を栽培したくなるのか

世界中で広がるファーム・トゥ・テーブルの流れは、ホテルやレストランで使われる食材にも大きな影響を与えています。新鮮な野菜を用いることは、単に味わいを追求するだけでなく、食文化への敬意と、食材に対する責任感を示す行為でもあるからです。

多くのレストランでは、自家製の菜園を持ち、食材の一部を自らの手で育てることに力を入れています。新鮮な農園の野菜を使って美味しく、健康にも配慮した料理を提供するのは、透明性を重んじる現代の料理業界にとって、明らかにプラスとなっています。

では、自家製の菜園を持つ料理人にとって、どのようなメリットがあるか見ていきましょう。

◯食材の新鮮さ

自家製の菜園から直接収穫した野菜は、朝露がまだ残るほど新鮮です。これをすぐにキッチンに運び、料理に使うことで、料理の味が一層引き立ちます。

○品質の管理

自分で丹精込めて育てた野菜は、品質を徹底的に管理できます。最高品質の食材を使用することは、料理人にとって大きな喜びです。

○食材の安全性と健康性

有機栽培など安全で健康的な方法で育てられた野菜を使用することで、消費者の信頼と満足感を高められます。また、野菜の皮まで調理して、その豊かな味わいを引き出すことも可能です。

○季節感と芸術性

自然のサイクルに合わせて収穫することで、季節の変化や色彩を料理に反映させることができます。野菜によって料理は芸術的に彩られ、視覚的にも楽しめます。

○個性的な料理を表現

特別な食材や独自の栽培方法は、料理に独自の味と風味をもたらし、料理人の料理スタイルや独自性を築くことができます。

○顧客経験の向上

季節に合わせて、新鮮で健康的な食材を提供できます。消費者に特別な食事体験を提供できれば、健康で環境に優しい生き方を考えるきっかけにもなります。

○環境保全への貢献

地元で食材を育てることは、食材輸送による環境への影響を減らすことにつながります。安全な食材は廃棄部分が少なく、廃棄量が減るだけでなく有機肥料としてリサイクルすることも可能です。

このように、料理人が農業から手をかけて育てた食材を使うことは、食べる人にとっても普通の食事よりもっと特別な意味があります。

例えば、広大な農園を保有するホテルは、宿泊者の農園見学ツアーだけでなく、畑の食材を選ぶとシェフが特別に調理をしてくれるところもあります。旅行者にとって、農園や料理の体験がすべて特別で魅力的なものになっているようです。

また、菜園に隣接したレストランでは、菜園で採れたばかりの野菜やハーブを使った料理の提供だけでなく、レストランの厨房でシェフの料理実演に参加しながら料理法を学ぶこともできます。

現代の料理人たちは、持続可能な食材への関心を一層深めています。自らの手で農業に取り組み、食材の生産をすることは、持続可能な食文化へとつながります。

料理人が自家製の菜園を持つことは、そこで働くスタッフが農業について学び、食材に対する理解を深める絶好の機会です。そして、その知識はレストランの料理に生かされ、より豊かな食体験を生み出すのです。

ALL ABOUT THE VEGETABLES BUSINESS

3 ニューヨークのレストラン「オルムステッド」のこだわり

地方や都市の郊外のレストランなら、広い農場を確保して新鮮な野菜を育てることは可能です。一方で、都会の限られた空間の中で新鮮な野菜を育て、その場で料理に使うことを実現したレストランがあります。

ニューヨーク、ブルックリンにある小さなレストラン「オルムステッド（Olmsted）」は、レストラン奥にある30平方メートルほどの庭で様々な野菜を育てています。シェフは菜園で育てた新鮮な野菜を使って、気取らずに最上の味を追求し、来店するゲストに料理を提供しています。

プロスペクトハイツという閑静な地区に位置するこの小さなレストランは、ファーム・トゥ・テーブルの理想を実現しています。

２０１６年の開店当初から多くの人を惹きつけ、すぐに、ニューヨークでもっとも評価されるレストランの1つになりました。日本の雑誌にも多く取り上げられたので、訪れた人もいるかもしれません。

レストランの奥に広がる菜園は、訪れるゲストにとって、もう1つの楽しみの場となっています。実際に私も、このレストランを訪れたことがありますが、デザートを食べるときには庭に案内され、同じレストランの中にいながらまったく違う雰囲気を楽しめます。

これは、新しいお客さんがレストランの席に座るスペースを作るという目的もありますが、今食べた野菜が畑で育つ様子を見ることができ、食材への深い理解と愛情を育む場なのだと感じました。

菜園では、アスパラガス、えんどう豆、ラディッシュ、ハーブなど様々な野菜が育っています。畑で育てられない食材は近くの農家から調達していますが、都会で「ファーム・トゥ・テーブル」をここまで実践しているレストランは珍しいです。

料理人にとって「自産自消」の取り組みは、食材がどのように食卓に届くのか、お客さんにその全体像を示すことができます。レストランの中で食のサイクルが完結することは、食べ物に対する新しい理解と感謝の文化が生まれやすくなるのです。

さらに、スタッフや地域住民に食材の栽培方法や料理方法を教え、食に関する知識の共有をすることは、レストランが単なる食事を提供する場所以外の役割を担います。

「オルムステッド」の取り組みはレストラン業界全体に影響を及ぼし、自家製菜園を持つレストランが増えてきています。野菜料理はレストランの評価を高め、付加価値をもたらす重要な要素だと証明しています。

その影響は、「グリーンガイドのベストレストラン１００」や「ミシュランのグリーンスター制度」のような新しい基準を生み出す動きにつながっています。そして、世界的に飲食業界全体の持続可能性に対する意識を向上させています。

ALL ABOUT THE VEGETABLES BUSINESS

4

「世界の野菜レストラン」ベスト100

「We're Smart World: Green Guide」は、野菜中心の料理と、野菜に対する特別な哲学を持つレストランを紹介する画期的なガイドブックです。

このガイドは2013年から発行され、野菜を主役にした料理を提供するレストランを世界中のシェフや食通に紹介し、野菜料理の価値を高める役割を果たしています。

掲載されているレストランの料理には、肉や魚を使った料理もありますが、野菜への重視がこのガイドの基準となります。

レストランは「ラディッシュ」の数で評価され、最高評価には5つのラディッシュがつきます。ラディッシュは、根から葉まですべて食べることができるので、野菜の可能性を象徴するアイコンとして選ばれました。

「We're Smart World: Green Guide」は、肉消費を減らして畜産業からの温室効果ガスを削減し、環境に優しい食生活をすすめるために発刊されています。

このガイドに掲載されるレストランは、野菜の質や野菜をどれだけうまく使いこなしているかを示す指標となり、野菜についての知識や尊敬の気持ちを高める大切な役割を果たしています。

毎年開催される「THE BEST VEGETABLES RESTAURANTS」では、世界のベスト野菜レストラン100軒がランキングで発表されます。レストラン評価には色々な種類がありますが、この賞は野菜を上手く調理して、環境を考えた活動をしているレストランに与えられるものです。

2023年のランキングでは、日本のヴィラアイーダ（和歌山）、早苗饗《さなぶり》（新潟）、都志見《つしみ》（山梨）、六雁《むつかり》（東京）、ファロ（東京）、成沢《なりさわ》（東京）、草喰《そうじき》なかひがし（京都）が入賞しました。その中で、13位にランキングされた早苗饗《さなぶり》は新潟の山奥に位置する宿泊施設「里山十帖」に併設したレストランです。

「早苗饗SANABURI」は、150年以上の歴史を持つ古民家をリノベーションした郷愁を感じさせる空間で、地元の食材を用いた「ローカル・ガストロノミー」が楽しめます。

ファーム・トゥ・テーブルに取り組むこのレストランでは、伝統野菜や地元の米、銘柄豚、短角牛など、新潟の豊かな食材を使った料理が提供されており、発酵・保存食文化を活かした調味料や漬物も自家製造しています。

例えば冬の献立は、古くから伝わる保存食や発酵食品が現代の料理として新たな形で登場します。野菜の扱い方には特に工夫が見られ、皮ごと調理してうまみを最大限に活かし、蒸し焼きや素揚げなどを通じて野菜本来の味わいを生かしています。

また、薄味の調理法により、野菜の自然な美味しさが際立ちます。この地方の伝統料理である「のっぺい」も、すりおろした山芋や蒸した里芋、きのこをメインに、アワビや白子を加えるなどのユニークなアレンジで提供されることがあります。

地域限定の野菜を使用した料理は、食材の新しい魅力を引き出す工夫がされ、レストランでの空間の演出も加わって、食事の味わいをより特別なものに高めています。

野菜中心の料理の創造性や芸術性は、世界中の料理人にとって新しい食文化を切り開くきっかけにもなっています。また、健康を重視し、環境に優しい取り組みが認められることで、地域の農業や小規模な生産者を支えることができます。そして、将来にわたって質の高い食生活を保つことができるようになるのです。

ALL ABOUT THE VEGETABLES BUSINESS

5 ミシュラン・グリーンスター

飲食業界や消費者の環境への意識が、世界的に高まっています。

そんな中、ミシュランガイドは2021年から「グリーンスター」という新しい賞を設けました。この賞は、環境に配慮する取り組みを重視しているレストラン業界のリーダーたちを世界に紹介し、業界全体にポジティブな影響を与えることを目指しています。受賞するレストランは、食材の持続可能な調達から廃棄物の削減、そして社会的貢献まで、環境保護に積極的な取り組みをしていることが評価されます。

このグリーンスターを受賞するためにはどのような取り組みが必要なのか、具体的に見ていきましょう。

◯生産者との持続可能な協力関係

近くで育てられた新鮮な食材を料理に使うことで、いつでも新鮮で栄養価の高い料理の提供ができます。化学肥料や農薬を使わずに有機野菜を育てる農家との直接取引は、地元の農業を支えることにもなります。

◯廃棄物の最小化とリサイクルの促進

野菜の皮や骨、肉の切れ端など、通常は捨てられがちな部分も活用する調理法を実践すると、廃棄物の削減にもつながります。また、食材の残りや食べ残しを自然に分解し、堆肥化して新たに野菜を育てることは、資源を循環させる持続可能な方法です。

◯地域社会や教育プロジェクトへの積極的な貢献

学校と一緒に教育活動を行うことで、子どもたちは健康的な食生活の大切さを学ぶことができます。レストランで使い切れなかった食べ物を、必要としている人たちに無料で提供する活動は、地域社会を支えるという意味があります。

◯倫理的な業務運営

従業員に公正な賃金を支払い、良好な労働条件の提供により、健全な生活を支えます。

◯食材の持続可能な調達

自然な環境で育った野菜を中心に使うことは、その時期にもっとも美味しく、栄養価が高い食材で料理ができるようになります。また、身近な食材を使うことで、輸送による環境への影響、特に二酸化炭素の排出を減らせます。

◯食品廃棄システムの管理

食品廃棄物の量を把握し、廃棄量を減らすための仕組みづくりや、食品を正しい方法で保存し管理することで、賞味期限切れの廃棄を削減できます。

◯環境と食材の透明性に関する情報発信

ソーシャルメディアやウェブサイトで食材の透明性や環境への取り組みを積極的に発信することは、お客様が飲食店を選ぶ際の重要な基準となります。レストランがどのように環境に良い選択をしているかを広く知らせ、それを支持する消費者の意識を高めることができます。

ALL ABOUT THE VEGETABLES BUSINESS

6

大手外食チェーンが手がける自社農場

ファーム・トゥー・テーブルという流れは、高級飲食店だけでなく、もっと身近な食堂や居酒屋、カフェでも見られるようになりました。それぞれの業態で、新鮮な野菜を使うことで料理の質を高めています。

大手外食チェーンでは、自社農場で有機や特別栽培の野菜を育て、全国の店舗に供給しているところも増えています。

例えば、大手外食チェーンのワタミ、モスフードサービス、リンガーハット、モンテローザ、吉野家、サイゼリアなどは自社農場を設立しています。これにより、食品の安全性を保ちながら、食材コストの削減も図っています。

また、自社農場では、食材の多様性を確保しつつ食品廃棄物を減らすために、収穫した野菜のすべてを利用する料理法を採用したり、有機廃棄物を堆肥化して菜園で再利用したりする取り組みも行われています。

外食産業における食材の仕入れコストは、売上の約30〜35％を占めていて、そのうち野菜と野菜加工品は約12％を占めます。

この比率は、食材への投資を増やせば質の高いメニューを提供でき、より多くのお客さんを増やせる可能性があることを示していますが、利益率は低下するリスクがあるということです。一方で、食材コストを抑えすぎると、食材の品質が落ち、結果的に客足が遠のく恐れがあるというジレンマがあります。

ワタミは日本国内外で居酒屋チェーンを運営しており、飲食業界の中で早くから独自の農場を開設しました。

当時、野菜を差別化できる食材の1つとして位置づけ、有機野菜や特別栽培された野菜を調達する方針に切り替えたものの、有機野菜は国内野菜生産の0・17％にすぎず、市場が成立していませんでした。

取引コストから考えても、自社で農場を所有することが必要と考え、有機野菜や特別栽培の野菜を育てて、各店舗で使用する方向を決めたのです。自社農場の利点は、食料の安定供給が保証される安心感があることです。

ワタミファームでは、一般の人々に農業体験や食育教育を行っています。また、社員の農業研修も受け入れており、年間６００人もの人々が農場を訪れています。

こうした取り組みには、将来の農業がどうあるべきかを探求し、安心して食べられる野菜を提供したいという深い考えが背景にあります。最終的には消費者のため、そして将来の農業のモデルを作るために、自社農場を持つことに意味があるのです。

ワタミだけでなく、他の大手飲食チェーンも、メニューに使う野菜を日本国内での栽培に力を入れています。自分たちの農場を持ち、信頼できる農家と契約を結んで栽培することで、安全で品質の高い野菜を安定して手に入れることが可能になります。

これによって、食材の産地や栽培方法に関する透明性が高まり、消費者はより安心して食事を楽しむことができます。また、国産の野菜を使うことは、国内の農業を支援し、食料の自給率向上にも寄与しています。

飲食店が自社農場や地元の農家と密接に協力することで、新鮮で健康的な食材を提供すると同時に、環境に優しい持続可能な食文化を広める土台を作っています。

このような循環型の経済活動は、飲食業界で徐々に広まりを見せています。野菜を作り、加工し、提供する一連の流れに加えて、食べ残しや廃材を再利用し、環境を守るシステムを作り上げることは重要な課題です。

これを実現するためには、農場でどれだけ多くの野菜を作れるか、そしてそれを店舗でいかに使うかを計画的に考えるのが大切です。また、野菜を調理する場合も大きさや形を統一することで、どの店でも同じ高い品質と味が保証された料理が作れるようになります。

これらの工程をうまく管理できれば、飲食チェーンでは常に新鮮で健康的な食品を提供し続けられるようになるでしょう。

ALL ABOUT THE VEGETABLES BUSINESS COLUMN

魯山人に学ぶ環境に優しい野菜料理

北大路魯山人は、日本の美食家として有名です。さらに画家、陶芸家、書道家、漆芸家としてもその才能を発揮した多才な芸術家でした。グルメマンガ「美味しんぼ」のキャラクター、美食家の海原雄山のモデルとなった人物として知っている人も多いと思います。

1920年代には美食倶楽部や星岡茶寮《ほしがおかさりょう》などを開き、自ら考案した料理を自ら作った器で提供していました。高級な食材を使っていたため、一般的な料理とはかけ離れていた印象を持たれがちですが、魯山人の料理の考え方は今の料理にも共通する部分が多くあります。

彼の料理に対するこだわりは、彼の芸術作品と同様に、独創性と深い美意識に満ちています。魯山人が残した言葉から、料理に対するこだわりを紹介します。

◯新鮮な食材を使う

「おいしい料理を作ろうと思ったら、食品食材を生かせばよい。大体は新鮮が美味いと決まっている」

魯山人は、料理の質を左右するもっとも重要な要素として、食材の新鮮さを挙げています。彼は、食材の持つ本来の味わいと栄養価を最大限に引き出すためには、新鮮で質の高い食材の選択が不可欠だと考えていました。

○食材本来の味を活かす

「すべてのものはみな各自独特の味、持ち前の味を持っている。これを生かすということである」

魯山人の料理は、食材本来の味を尊重し、それを最大限に生かすことに焦点を当てています。彼は調味料を使う際も、食材の自然な味を引き立てるための補助と考え、過度な味付けを避けることで、食材自体の風味を前面に出すことを重視しました。

○料理と器の調和

「料理と食器はあいはなれることのできない、いわば夫婦のごとき密接な関係にある」

陶芸家でもあった魯山人は、料理を盛り付ける器にも深い関心を持ち、自ら器を制作することもありました。彼は料理と器との調和を大切にし、料理を一層引き立てる器選びを行うことで、食事を芸術的な体験へと昇華させています。

○食材の無駄をなくす

「大根の皮の部分というものは、元来、廃物ではない」

魯山人は食材を無駄なく利用することにもこだわりを持っていました。例えば、大根の皮を含むすべての部分を活用し、廃棄物を最小限に抑える工夫をしていたとされます。これは、現代におけるサステナビリティの観点からも非常に先進的な考え方です。

こうした北大路魯山人の料理哲学は、季節感あふれる新鮮な食材を使い、その時期ならではの味を生かした料理を提供することにありました。彼の料理は単なる食事を超え、芸術作品としての価値を持つものとして考えられています。

魯山人が育った京都の文化、特に食材を無駄なく活用する知恵は、彼の料理に大きな影響を与えました。彼は食材への深い尊敬と、自然と調和しながら料理を作ることの重要性を説いています。

この考え方は、現代の料理界においても非常に重要です。素材の味を尊重しながら、同時に環境に配慮した料理を追求することこそが、魯山人が私たちに伝えたかった普遍的なメッセージです。彼の教えは、食材を選ぶ際の基準、料理の仕方、そして食事を楽しむ姿勢にまで影響を与えています。

さらに、魯山人は料理を通じて、食材の持つストーリーや、それを育んだ土地の文化を伝えることの大切さを示しています。

食事は、単に体を養うためだけではなく、食文化を深く理解し、それを次世代に伝える手段でもあると考えられています。私たちが日々の食事を通じて、季節の変化を感じ、地域の特色を味わい、食材への感謝を忘れないこと。それが、魯山人が目指した「料理を通じた芸術」の真髄であり、私たち現代人が彼から学ぶべき教えなのかもしれません。

第8章

料理教室から学ぶ野菜料理の世界

Chapter 8 :
The world of vegetable dishes

ALL ABOUT THE VEGETABLES BUSINESS

1 料理教室に行くモチベーション

私が17年間続けてきた野菜料理教室には、様々な年代の方が参加しています。主婦や独身の方、シニアの男性などが集まり、旬の野菜を使って料理を作り、それを一緒に楽しみます。参加者の中には、調理の上達を目指す人や、食べるのが楽しみな人、野菜のおいしい食べ方を学びたい人など、参加する理由も様々です。

料理教室では野菜の下ごしらえや切り方、調理のコツなど、その野菜に合った効果的な調理法を対面で伝えることができます。また、参加している人たちが互いに情報を交換しながら、共に学ぶことができるのも魅力です。

しかし、料理教室に参加する人たちのモチベーションはそれだけではありません。実は、本人たちが気づかないところに、また参加したくなる理由が隠れているようなのです。

そこで、参加者が料理教室中に話していたエピソードを少しご紹介します。

◯夫婦２人暮らし・60代の女性の話

主人はいつも同じ料理を好んで食べ、ちょっとアレンジした料理には手をつけないんです。子ども達が巣立って2人になってからは、食事の時間も会話がなく、黙って食べるのが普通になっていました。でも料理教室で作った料理を出すと、「これどうしたの?」と聞いてくるようになり、「ほうれん草って甘いんだね」とか「れんこんのサラダっておいしいね」と、料理から会話が生まれるようになりました。主人に料理を褒められるのは、やっぱり嬉しいものです。

◯20代独身女性の話

実家のおばあちゃんが野菜を作っていて、よく送ってくれます。実家に帰った時に、料理教室で習ったブロッコリーの料理を作ったら、おばあちゃんがすごくおいしいって言ってくれたので、レシピ教えてあげました。次は新たに学んだ違うレシピを教えてあげようと思っています。

○6人家族・40代女性の話

うちの家族は年齢の幅が広く、料理もたくさん作らなくちゃいけないので、食費を切り詰めるのがひと苦労なんです。でも、旬の野菜を使った料理はボリュームもあって、何より安上がりで助かります。この間も料理教室で習ったキャベツのミートローフを作ったら、みんな大満足でした。そんなに食材費をかけていないのに喜ばれると、なんだか達成感を感じます。

○4人暮らし・30代男性の話

2人目の子供が生まれたばっかりで奥さんも大変なので、できるときは率先して料理を作っています。惣菜を買うことが多いのですが、簡単な野菜料理が作れるようになると食事が豪華になりますね。上の子も、買ってきたものより手作りの料理の方を食べてくれます。もっと上達して、惣菜を買わずに全部の料理を作れるようになりたいです。

ここでご紹介した参加者の声には、共通点があります。それは単に料理を楽しむだけではなく、家族や身近な人に喜んでもらうのが嬉しいと思っているということです。

ALL ABOUT THE VEGETABLES BUSINESS

2

野菜料理のバリエーションが家計と健康の助けになる

野菜を買っても使いきれずに、ダメにしてしまったことはないでしょうか。

特売で買ったキャベツを半分使ったところで飽きてしまい、数日後には腐っていた。健康のために、カロリーを気にして野菜を手に取り、最後まで使い切るつもりで買ったものの、まだ1／3も残っている。そんな経験をした人は多いと思います。

野菜の食べ方は、専門家に聞かなくてもインターネットを開けば、簡単にわかる時代になりました。例えば「キャベツ」と検索すると、キャベツを使ったおいしそうな料理がたくさん出てきます。その中から作れそうなものを選び、実際に作り方を見て、手順に沿って作ってみる。こうした経験が一度はあるでしょう。

しかし当然ですが、毎回レシピを探すのは面倒ですよね。画面を何度も見ながら準備が必要で、初めて作るレシピは時間がかかります。

そこで、野菜料理のバリエーションを増やし、飽きずに食べ切る画期的な方法をご紹介します。それは、1つの味付けに対して、加える野菜の種類を変えてバリエーションを広げる方法です。

◯市販のドレッシングを使う

まず、好きな調味料の組み合わせを数種類用意します。料理が苦手な人は、市販のドレッシングや万能だれを使っても良いでしょう。

例えば、同じドレッシングで野菜だけを変えた場合、キャベツサラダ、トマトサラダ、れんこんサラダ、ほうれん草のサラダと別のサラダが作れます。ここに他の素材を加えてもいいですが、ポイントは1つの野菜を主役にすることです。

野菜を数種類組み合わせたい時は、共通の特性を持つ野菜を組み合わせます。れんこん、ごぼう、大根で根菜のサラダ。オクラ、モロヘイヤでネバネバ野菜のサラダ。細く切ったキャベツとレタスと水菜でシャキシャキ野菜のサラダという具合に、その料理に新しいネーミングがつけられれば成功です。

季節や食感、色、栄養価などでグループ分けすることで一体感が生まれ、見た目や味のバランスも良くなるのです。

○ドレッシングに＋αの調味料を入れる

そのパターンができたら、次はちょっとだけ味を変えます。難しいことはせず、香りやコク、酸味などを少し足す方法です。ごま油やラー油、レモン汁、バルサミコ酢、はちみつ、コチュジャンなど、同じドレッシングに少し加えると味に変化が生まれます。

さらに、アーモンドや胡麻、粉チーズ、フライドオニオン、カリカリベーコンなど食感のあるものをトッピングすれば、バリエーションが広がりますね。こうすると、「ドレッシング＋野菜＋味変＋トッピング」で無限に違うサラダが作れます。

○にんにくとオリーブオイルで炒める

次は、にんにくとオリーブオイルを使った炒め物のバリエーションを考えてみましょう。まず、にんにくとオリーブオイルをゆっくり熱して香りを引き出します。そこに、食べやすく切った野菜を加えて炒め、塩こしょうで味付けすればシンプルながら絶品の料理が完成します。

これは、ほうれん草、にんじん、玉ねぎ、ピーマン、セロリ、レタスのほかに、春菊、里いも、れんこんなどの和風の野菜もよく合います。野菜それぞれの食感や香り、うま味が引き出されるので、同じ調味料でもまったく違う味わいになります。

○風味を変える調味料を加える

味を変える場合は、塩の代わりに醤油を回し入れたり、唐辛子を加えたり、オリーブオイルをごま油に変えると、風味が変わります。

さらに、南蛮漬けやマリネ、めんつゆなどの漬け込み液を使った料理も野菜によって違ったバリエーションが簡単に作れます。

春にはアスパラやたけのこの南蛮漬け、夏はなすやトマトのマリネ、秋にはれんこんやごぼうのめんつゆ漬けなど、季節ごとの野菜で楽しめます。

つまり、年間通じて味付けは同じでも、加える野菜を季節ごとに変えれば、それが料理のバリエーションになるということです。

このパターンを覚えると、様々な料理に応用できます。煮物やきんぴら、スープ、グラタンなど、調味料と調理法は同じでも野菜を変えることで、また違ったおいしさに出会えるかもしれません。

野菜の調理法は、基本的にシンプルなものが一番です。それぞれの野菜の良さを引き出すことができれば、レシピのマンネリから卒業できることは間違いありません。

ALL ABOUT THE VEGETABLES BUSINESS

3 切り方で変わる料理の仕上がり

野菜を切るとき、どの方向に切るかによって料理の仕上がりが変わります。
野菜には食物繊維があり、それが食感を生み出します。野菜の繊維は生えている方向に縦に伸びています。実になる野菜は茎に向かって縦に伸びているものが多いです。この繊維の伸び方を考えながら野菜を切ると、食感や味、加熱時間が変わってきます。

◯繊維に沿って切る

繊維に沿って切ると、形が崩れにくく食感が残ります。一般的な「細切り」「くし切り」「短冊切り」などの切り方は、繊維に沿って切ることがほとんどです。サラダのように野菜の食感を残したい料理や、炒め物やきんぴらごぼうのようにカリカリとした食感を出したい料理やスープ、カレーなどの煮込み料理などに向いています。

◯繊維を断ち切る

繊維を断ち切るように切ると、火の通りが早くなり、野菜の甘みが早く引き出されます。スープや煮込み料理などでも野菜を柔らかくして甘みを味わいたい場合や、炒め物で素早く火を通したい場合に向いています。レシピに「繊維に沿って切る」と書かれていた場合でも、短時間で仕上げたい場合や、甘みを引き出したいときは、繊維を断ち切るように切っても問題ありません。

繊維の方向を考えて野菜を切ることは、料理の味や食感が大きく変わります。これは野菜の種類によって変わりますので、それぞれの野菜について、どのように変化するのかを見ていきましょう。

◯キャベツの切り方

キャベツは縦に入った葉脈に対し、十字になる形で横向きに切るのが一般的です。繊維が断たれて口当たりが柔らかくなり、多少太めに切っても食べやすくなります。

葉脈に沿って縦に切ると、柔らかいキャベツでは食感が良くなりますが、固いキャベツでは固く口に残りやすくなります。包丁が切れないと繊維がつぶれて苦味が出やすくなりますが、糸のように細く切れる場合は食感が良く苦みが出にくくなります。

◯玉ねぎの切り方

玉ねぎは繊維に沿って薄く切ると、ゆっくり火が通り、食感が残ります。サラダや炒め物にするときは、玉ねぎの甘みとシャキシャキ感が楽しめます。クシ型は、肉じゃがなどの煮込み料理でもくずれにくく、食感とうま味を加えます。

繊維を断つように切ると、断面が大きくなって辛味や苦味が抜けるので、加熱時間が短く甘みも多く感じられます。さらに、みじん切りは火の通りが早く甘みが引き出されやすいので、煮込み料理やハンバーグなどの味に深みを加えます。

◯にんじんの切り方

にんじんを細く切る場合、３分割にしてから縦に切ると、繊維が残って甘みと食感や噛みごたえを感じられます。

輪切りや斜め切りにすると、繊維を短く断ち切るので火の通りが早くなり、柔らかい食感になります。細く切る場合も、輪切りや斜め切りにしてから細く切ると、早く柔らかくなって味がなじみやすくなります。

長時間煮込むビーフシチューやグラッセなどのときは、細いラグビーボールのように切ると煮崩れしにくく口当たりが良くなります。

○ピーマンの切り方

ピーマンの繊維は、ヘタの方向に向かって伸びています。繊維に沿って切ると苦味が出にくくシャキシャキした食感が楽しめます。繊維を断つように横に切ると口当たりが柔らかくて食べやすくなりますが、断面が多いので苦味も出やすくなります。

ピーマンの切り口から出た苦味は、油に溶けやすいので、油と合わせることで苦味を和らげることができます。さらに、ピーマンを切らずに丸ごと調理する方法では、苦みが出ずに甘みが強くなって種までおいしく食べられます。

このように、野菜の繊維を有効にする切り方を日常に取り入れると、料理の目的や味わいに合わせて工夫できるようになります。好みの食感や味に仕上げるために切り方を意識してみると、よりおいしい料理を楽しむことができるので、ぜひ日常に取り入れてみてください。

ALL ABOUT THE VEGETABLES BUSINESS

4

野菜の味を決めているもの

私たちは、料理の見た目、香り、味、食感、音、食事の雰囲気や環境など、五感を総動員しておいしさを感じています。野菜をおいしいと感じる理由は様々ですが、実は野菜の味を決める大きな要素は、野菜自体に含まれる成分にあります。

特に、うま味成分の代表であるグルタミン酸は、野菜の味を決める大事な要素の１つです。グルタミン酸はタンパク質を構成するアミノ酸の一種で、人間をはじめとする生物の細胞を作るための重要な成分です。

野菜の場合は、熟成とともに増加し、野菜の種類や熟成度によって量が変わります。

グルタミン酸が多く含まれる野菜例（mg／100g）

・トマト…100～300

・**白菜…20〜90**
・**にんじん…30〜80**
・**とうもろこし…70〜110**
・**じゃがいも…30〜100**
・**アスパラガス…30〜50**
・**ブロッコリー…30〜60**
・**玉ねぎ…20〜50**

さらに、野菜のグルタミン酸は肉や魚のイノシン酸と合わせると、うま味が7倍から8倍に増えると言われています。たしかに、日本料理のだしも、フランス料理のブイヨンも、中華料理の湯（タン）も、その組み合わせが活きています。

野菜の味を決める要素には、うま味成分の他にも、糖分があります。糖分の量が野菜の甘さに影響し、それがイコールおいしい野菜と感じやすくなるのです。例えば、糖度の高いさつまいもや大根、とうもろこし、れんこんなどは、その甘さが多くの人に受け入れられる理由にもなっています。

さらに、野菜の香りや風味もその味を決定します。独特の香りを持つセロリやみつば、せり、ねぎ、にんにくなどは、その香りがあることでよりおいしく感じられます。料理のベースを作り、その風味が食欲を増進させる効果も期待できます。

野菜に含まれるうま味成分などは、普段捨てがちな皮や芯、ヘタやワタの部分にも多く含まれています。そこで、野菜くずを有効活用する方法として、家庭でも簡単に作れる「野菜だし」をご紹介します。捨てるはずだった野菜くずを水と一緒に煮るだけで、野菜のうまみを引き出すことができます。

作り方は、鍋によく洗った野菜くずとたっぷりの水を入れて火にかけ、沸騰したら弱火で30分ほど煮込みます。野菜独特の臭みを消したい場合は、酒を少し加えてください。そのまま冷めるまで置いて、ざるで野菜くずをこしたら「野菜だし」が出来上がります。冷蔵庫に入れて、3日を目安に使い切ってください。

野菜は何種類か組み合わせた方が、バランスの良い深みのあるだしになります。トマトやなすのヘタ、玉ねぎの皮、ねぎの青い部分、キャベツの芯など、何を入れても大丈夫です。さらに、昆布やかつお節、肉と一緒に煮込めば、美味しさの相乗効果が期待できます。

このだしは、味噌汁やスープ、カレーやおでんなど、普段の料理に使えるだけでなく、野菜の成分を無駄なく使い切ることができるので、ぜひ試してみてください。

ALL ABOUT THE VEGETABLES BUSINESS

5 調理が面倒で嫌われる野菜

野菜を調理する際には下ごしらえが欠かせませんが、それが面倒だと感じる野菜もあります。最近では、カット野菜や冷凍野菜の商品も増え、下ごしらえの手間をかけずに調理することもできますが、新鮮な野菜を使った料理には特別な魅力があります。そこで、下ごしらえが面倒で嫌われる野菜と、簡単な下ごしらえの方法をご紹介します。

○ごぼう

泥つきのごぼうは、泥を洗い流す手間や、硬くて切りにくいなどの理由から、下処理が苦手な人が多いようです。

まず洗い方は、ごぼうに流水を当てながらたわしでこすります。たわしがなければ、割り箸を直角に当ててこすればきれいになります。洗う時点で薄い皮が取れるので、皮をむく必要はありません。

ごぼうは丸くて硬く、包丁が滑りやすいのでしっかりおさえて切ります。切った後は、たっぷりの水に10秒ほどくぐらせて、水気を切り加熱します。水に長く漬けるほど風味が落ちるので、漬けすぎないように注意しましょう。

○かぼちゃ

かぼちゃは丸ごとの状態から包丁で切るのが難しいので、４分割にカットされて売られるのが一般的です。まず、種とワタをスプーンで取り、皮の凸凹しているところをピーラーで軽く削ぎ落とします。平らな面を下にしてまな板に置き、包丁で入るところまで切ったら、左手を添えて押し切りします。

硬くて包丁が入りにくいときは、全体をラップで包み、電子レンジで２分ほど加熱してください。少し加熱すると柔らかくなって切りやすくなるので、角切りや薄切りにする時も力を入れずに切ることができます。

○里いも

里いもの表面には土や毛がついているので、流水で２つの里いもをこすり合わせるように洗います。水分がついた状態はぬめりが出てすべりやすいので、キッチンペーパーなどで水分をきれいに拭き取ります。里いもが乾いた状態で、上下を平らに切り落とし、縦に皮をむけば滑ることがありません。

里いもを触ったときに手がかゆくなるのは、ぬめりの中に含まれる「シュウ酸」によるものです。里いもが乾いた状態を保てば、かゆくなることがありません。

皮をむいたら水につけずに調理します。ぬめりを取りたい場合は、少量の塩を揉み込んで水洗いすれば加熱後にぬめりが出るのを防ぎます。

◯れんこん

れんこんの皮は包丁ではむきにくいので、ピーラーで縦にむきます。れんこんの穴の中が汚れていたら、流水にあてて綿棒などを使って洗い流します。

れんこんを切ったあとは、水にさらさずにそのまま調理しても大丈夫です。切ってから調理するまで時間がある場合や、表面のでんぷんを洗い流したいときは流水でさっと洗います。白く仕上げたいときは水500ｍｌに対して小さじ1杯程度の酢を加えたものに、1分ほど漬け込んでください。

このほかにも手間に感じる下ごしらえとして、じゃがいもの皮をむいて芽を取る、キャベツの千切り、玉ねぎのみじん切り、にんにくのみじん切り、ささがきごぼう、たけのこの下ゆでなどがあります。

野菜を切る工程が面倒に感じるのは、作業の細かさや時間がかかることが理由なので、料理が好きでない人ほど手間に感じる傾向があります。さらに、包丁の切れ味や調理道具の使い勝手によっても影響を受けるので、調理をラクにするには道具選びも大切です。

手間がかかる野菜の下ごしらえは一般的に敬遠されますが、早くから加工品が普及しているので、便利なものをうまく取り入れながら手作りの料理を楽しんでください。

ALL ABOUT THE VEGETABLES BUSINESS

6

野菜嫌いは存在しない

私は、世の中に野菜嫌いはいないと考えています。料理教室で多くの人と接していくうちに、野菜嫌いとは、実は調理法の好き嫌いなのではないかと思い始めました。

野菜嫌いの理由には、イメージやトラウマが深く関係しています。幼少期に特定の野菜に関する嫌な経験をし、それが抵抗感につながるケースが多いようです。さらに、野菜の肌触りや香り、食感などの五感が引き起こす嫌悪感が理由となることもあります。

例えば、料理教室に来た30代の男性は、その日のメニューのたけのこご飯を作り終わり、食べる段階になって「たけのこが食べられない」と言い始めました。しかし、せっかく作ったのだからと勧めると、しぶしぶ食べ始め、結局完食しました。

食べ終わったあとで、たけのこが嫌いになった理由を聞いて笑ってしまいました。

幼稚園の頃、お母さんと食材を買いに行くと、氷の上に乗った水煮のたけのこがあったそうです。彼には、その白っぽい色合いと節の部分の縞《しま》模様が、まるでモスラの幼虫のように見えていました。それ以来、たけのこは幼虫のように思えて、食べる機会をなくしていたそうです。

男性の野菜嫌いでは、なすやきゅうりの確率が多い印象があります。その理由は子どもの頃の体験にさかのぼり、なすの紫色がカブトムシに似ているとか、虫かごの中で数日経ったきゅうりの臭いが忘れられないなど、昆虫にまつわる理由が多くあります。

苦手な野菜でも、調理法を変えたり味付けを変えたりすることで、食べやすくなる場合があります。生の野菜が苦手な場合は、加熱する料理に入れたり、好きな食材と組み合わせて料理したりするのもおすすめです。

私の娘は、トマトとなすが苦手でした。でも、すべての料理が食べられないわけではありませんでした。生のトマトは食べられないけど、トマトスープやトマトソースなど、熱加工したトマト料理はおいしく食べてくれます。また、なすは存在がわからないように細く切って煮込んだり、衣をつけて揚げ物にしたりすると食べてくれました。

さらに、自分で育てた野菜を使って料理をすると、野菜に対する親近感や愛着が生まれ苦手な野菜に対する抵抗がなくなります。特に採れたての野菜は、おいしく感じるようです。

小学生の料理教室では、子どもたちが学校菜園で育てた野菜を使って料理を作ることを楽しみにしています。子どもたち1人ひとりが野菜の苗から育てた野菜は、なす、ピーマン、きゅうり、トマトなど夏に旬を迎える野菜です。

料理教室のはじめに苦手な野菜を聞いてみると、「なすが嫌い！」「ピーマンが食べられない！」と嫌いな野菜を我先にと言い始めます。しかし実際に調理が始まると、子どもたちは楽しそうに野菜を調理しているのです。

そして実食の場面には、苦手だった野菜もおいしいと言いながら食べ、おかわりをする子どもまで出てきます。

繰り返しになりますが、野菜の苦手意識をなくすには、野菜自体が嫌いだと思わずに味付けや調理法を変えて試してみることです。

苦手とする要素は、できるだけ食べやすい形や味付けにして、食事を楽しい体験にすることも大切です。野菜をおいしいと思える新しい体験を増やすことで、野菜への抵抗感がなくなれば、食べることの喜びをさらに感じることができるはずです。

ALL ABOUT THE VEGETABLES BUSINESS COLUMN

新顔野菜を食べてみよう

海外に行くと、日本国内では見たことのない野菜がたくさんあることに気づきます。色や形も様々で、その国の食生活になじんでいます。

日本では江戸時代から明治にかけて、海外からの野菜が多く伝来しましたが、日本の気候風土に合わずに育たないものや、食文化に取り入れにくいということで普及しなかったものもありました。

しかし最近、日本で育てやすく改良された「新顔野菜」を見かけることが多くなってきました。新顔野菜とは、消費者の好みに合わせて新たに商品開発されたものや、海外原産で国内でも生産されている洋野菜、一部の産地だけで消費されてきた伝統野菜があります。ルッコラ、豆苗、ズッキーニ、モロヘイヤなどは、すっかり定着した新顔野菜です。

外食産業で受け入れられ、一般にも流通し始めた新顔野菜は、今も大量に流通しているわけではありません。ただ、インターネット販売や野菜の直売所ではすでに広がりを見せています。そんな新顔野菜の特徴とおすすめの食べ方をご紹介します。

○プチヴェール

バラの花びらのように開いた小さな葉が特徴で、ケールと芽キャベツをかけ合わせた野菜です。柔らかくてみずみずしい食感の中にほろ苦さと甘みを感じます。多めのオリーブオイルで少し焦げ目がつくまで焼き付けると、香ばしさが加わって濃厚なおいしさになります。さっとゆでたり、蒸して塩をふるだけでもシンプルな旨みが味わえます。また、サラダにしてもおいしいです。

○スイスチャード

赤、黄、緑とカラフルな葉と太い茎が特徴の野菜で、日本に古くからあるフダンソウと同じものです。ほうれん草に似た味で、茎や葉が硬いので生では食べにくく、サラダにする場合も一度ゆでてから調理します。加熱しても鮮やかな色が残るので、サラダやおひたし、ごま和え、炒め物やかき揚げなどにしても、カラフルな色を楽しむことができます。

◯アイスプラント

サボテンのような多肉多汁組織を持つ多肉植物で、ヨーロッパでは古くから食べられています。葉の表面にキラキラとした水滴のような粒がつき、サクサクとしたみずみずしい食感でほのかな塩味があります。サラダやサンドイッチや、刻んで納豆と和えたりと、生で食べるのが一般的ですが、加熱するとトロッとした食感でまた違った味わいになります。

◯スティックセニョール

ブロッコリーと中国野菜の芥藍（かいらん）をかけ合わせた野菜で、茎が柔らかくアスパラガスに似た食感が楽しめます。茎全部が柔らかく食べやすいので、さっとゆでて塩を振ったりマヨネーズをかけるだけでおいしいです。サラダにしたり、炒め物にしたりと、ブロッコリーのように使えます。

◯コリンキー

黄色の球根のような見た目で、日本で作られた生食できるかぼちゃです。見た目は硬そうですが、包丁を入れると柔らかく切りやすいです。皮ごと薄く切って浅漬けやマリネにしたり、ピクルスもおすすめです。炒めたりゆでたりする場合も、加熱は短時間にして食感を活かしてください。

○ビーツ

ロシアのボルシチで有名な、真っ赤な丸い根が特徴的なほうれん草の仲間です。生で食べる場合は、泥臭さがあるので皮を厚くむいてから薄く切るのがおすすめです。ピクルスにすると真っ赤になるのでインパクトがあります。厚く切って片栗粉をつけて揚げたり、皮ごとホイル焼きにしたりすると、ホクホクした食感と甘みがおいしいです。

この中に、皆さんが食べたことのある野菜はいくつありましたか。新顔野菜は話題性や付加価値の高い野菜に取り組む一環として、中小規模の農家の間で栽培が広がっています。

ここでご紹介した以外にも、様々な品種の新顔野菜があるので、気になる野菜を見かけたら、自分の好みや料理のテーマに合わせて調理してみてください。

第9章

プラントベースフードに学ぶ
これからの
野菜ビジネスの世界

Chapter 9 :

The future of vegetable business

ALL ABOUT THE VEGETABLES BUSINESS

1

野菜だけで健康を維持できるのか

野菜だけで健康を維持できるか、という問いについて皆さんはどう考えますか。
世界中で、ベジタリアンやヴィーガンと呼ばれるライフスタイルを実践する人が増えています。健康維持のためだけでなく、宗教や、動物愛護、環境保護などの理由で選択する人もいるようです。世界の主要１００カ国と地域におけるベジタリアン、ヴィーガン人口は欧米諸国を中心に、毎年１％ずつ増えています。日本でも５％程度の人々が実践していると言われます。

以前は、健康意識の高い人々が主に取り入れていた食事スタイルでしたが、これからは一般的な選択肢になる可能性があります。そこでまずは、ベジタリアンとヴィーガンについておさらいしておきます。

ベジタリアン（Vegetarian）とは食事スタイルの１つで、主に植物由来の食品を中心に食べ、肉や魚を含む動物性の食品を避ける人々を指します。ベジタリアンには次の４つのタイプがあります。

①ラクト・オボ・ベジタリアン（Lacto-Ovo-Vegetarian）…卵と乳製品を摂取するベジタリアン。乳製品と卵を含む植物性食品を中心に食事を構成します。

②ラクト・ベジタリアン（Lacto-Vegetarian）…乳製品のみを摂取するベジタリアン。卵を含まない植物性食品と乳製品を中心に食事を構成します。

③オボ・ベジタリアン（Ovo-Vegetarian）…卵のみを摂取するベジタリアン。乳製品を含まない植物性食品と卵を中心に食事を構成します。

④ヴィーガン（Vegan）…動物性食品を一切摂取しないベジタリアン。肉や魚、乳製品、卵などを避け、完全な植物性食品のみで食事を構成します。

続いて、ヴィーガン（Vegan）も１つの生活スタイルを指します。食事では動物性の食品を一切食べず、植物性の食品だけの食生活を実践します。さらに、生活で使用するすべてにおいて動物性の製品を避け、植物性の商品を利用していく人々を指します。具体的には、肉、魚、乳製品、卵、はちみつなどの動物性食品や、動物由来の衣類、化粧品、日用品などを使用しないことを特徴とします。

ヴィーガンの生活スタイルは、特に、動物を苦しめる食品や製品の生産を避けることに関心があります。食事では、野菜、果物、穀物、豆類、ナッツ、種子などの植物性食品を中心にした食生活です。

このような植物性中心の食事が体に及ぼす影響は、健康に関する研究が進めば進むほど明らかになり、肉を食べる人と比べて慢性疾患や生活習慣病のリスクは低くなることがわかってきました。

でも重要なのは、体に必要な栄養素をまんべんなく適切に摂り入れることです。そのため、ベジタリアンやヴィーガンになる際は、栄養バランスに特に注意を配ることが必要になります。

日本人は昔から野菜を中心とした食生活をしているので、肉の摂りすぎの問題は比較的少ない一方で、タンパク質不足が心配されています。もちろん、これには個人差があるので、自身の食べているものについて考え、バランスの取れた食事を心がけることが大切です。

野菜だけで健康を維持するのは、簡単なことではありません。しかし、そう遠くない将来に世界の人口が急増し、食料が不足すると予測されています。このため、動物性食品に頼らず植物性の食品を中心にした食生活へのシフトが求められていくと思います。

幸い、野菜を中心とした健康的な食生活をサポートするための研究が進んで、関連した商品も増えています。今まで関心がなかった人も、野菜中心の食生活をゆるやかに取り入れてみてはいかがでしょうか。いきなり変えるのは難しくても、少し意識を変えていくことで、未来の食糧問題にも対応できるようになると思っています。

ALL ABOUT THE VEGETABLES BUSINESS

2

プラントベースフードが注目される理由

最近、私たちの周りで「プラントベースフード」という言葉をよく耳にするようになりました。これは、野菜や果物、穀物、豆、ナッツなどの植物を原料に加工し、動物性タンパク質の代替商品として販売されているものです。

販売されている商品には、肉やミルク、チーズ、ヨーグルト、シーフード、卵、アイスクリームなどがあります。これらはすでに、スーパーやコンビニでも手軽に購入できるようになりました。購入者は女性が60%を占めていますが、最近では男性の割合も増えています。

日本は、もともと日常的に大豆食品を食べる習慣があるので、特に大豆由来のプラントベースフードは消費者に受け入れやすいようです。世界のプラントベースフードの市場規模は、２０２３年で約５０３億ドルでしたが、２０３０年には約１２４４億ドルになると予測されています。

植物性の食品を積極的に取り入れながら、動物性の食品も食べる食事スタイルを「フレキシタリアン」と呼びます。ベジタリアンやヴィーガンとは異なり、普段の食生活を大きく変えずに、植物性中心の食品を選択していくことができます。この方法は、気軽に健康的な食生活を実践できるため、幅広い方が取り組んでいます。

このように、プラントベースフードが、多くの人の注目を集めているのには、次の３つの理由があります。

①健康上のメリット

植物性の食品は、体に悪影響を与える飽和脂肪が少ないため、心臓病や脳梗塞、脳出血のリスクを減らすことがわかっています。さらに、ビタミンCやE、βカロチンなどの抗酸化物質や食物繊維が豊富です。これによって便秘を予防し、肥満や生活習慣病を改善する効果が期待できます。

②地球環境の保護

畜産業は、メタンガスの排出や大規模な森林伐採など、地球温暖化や大気汚染の一因となっています。例えば、牛のゲップに含まれているメタンガスは、地球温暖化の原因とされており、世界の温室効果ガスの4％を占めていると言われています。プラントベースフードへの移行は、これらの環境問題を軽減できます。

③食糧問題の解決

世界の人口が増えるにつれて、動物性のタンパク質が不足していきます。2050年には世界の肉の消費量が2倍になると言われ、タンパク質を肉から摂る食スタイルは、需要と供給のバランスが崩れることが予測されています。プラントベースフードへ切り替えることによって、食料が効率的に作れるようになり、この問題を解決する助けになります。

植物性食品を主食とするプラントベースフードへの関心が高まっているのは、健康だけでなく、地球や社会にも良い影響を与えるからです。

この人気が高まるにつれて、新しい企業が市場に参入し、地球環境に配慮して様々な新商品を作り出しています。この流れは、食品業界では一時の流行ではなく、持続可能な選択として見られています。

この市場が拡大している理由の一つは、健康を意識する人々の好みだけでなく、「エシカル消費」という考え方への関心が高まっているからです。つまり、買い物をするときに、その商品が人や地球環境、社会、地域へ与える影響を考える、という行動が広まりつつあるということです。

ALL ABOUT THE VEGETABLES BUSINESS

3 プラントベースミルク市場

プラントベースフードの代表格である「プラントベースミルク」の広がりには驚くべき進化があります。プラントベースミルクは、植物から作られた乳製品の代替品として、さまざまな植物に水や他の成分を加えて飲みやすく加工された商品です。

牛乳と同じように使えるので、乳製品を飲めない人や、ヴィーガン、または乳製品を摂りたくない人に人気があります。味や栄養価は原料の植物によって異なりますが、一般的には低カロリーでコレステロールが含まれておらず、健康志向の人々に選ばれています。

世界のプラントベースミルク市場は、2020年から急激に成長し、2030年までに30億ドル規模になると言われています。

日本でも2020年を堺に植物性の食品への関心が高まり、スーパーマーケットやコンビニといった売り場でも目にする機会が多くなりました。

日本では多くの人々が乳糖を分解する酵素が不足しており、牛乳を飲むとお腹が不快になるという方が少なくありません。しかし最近では、牛乳が体質に合わない人でも安心して飲める商品が増えています。


牛乳の代わりの植物性ミルクの選択肢と言えば、かつては豆乳だけでしたが、今ではアーモンドミルクやオーツミルクも人気になりました。さらにライスミルクなど、様々な植物性飲料が登場しています。

それぞれの風味に個性があり、豆乳は豆の風味が豊か、アーモンドミルクは味がまろやか。オーツミルクはカフェラテや他のドリンクにぴったりで、牛乳の味に近いことから、カフェなどで提供されるメニューにも多く見られるようになりました。

植物性ミルクが選ばれる理由は、植物性の食生活を送る人や牛乳が飲めない人の代替としてだけではありません。健康や美容に良い点や、賞味期限が長く保存がしやすい便利さ、そして地球環境や動物を守りたいという思いからも選ばれています。

それではここから、植物性ミルクの代表的な商品をご紹介します。

○豆乳

大豆を原料とし、良質な植物性タンパク質やイソフラボンやビタミンB群を含みます。抗酸化作用や整腸作用など美容効果も期待できます。コーヒーに豆乳を加えたソイラテは、カフェなどで定番のメニューになっています。

○オーツミルク

オーツ麦を原料とし、食物繊維が豊富です。青臭さがなく、自然な甘さとクリーミーな口当たりが特徴です。コーヒーとの相性が良く、分離しにくいので、カフェラテなどに使用されることが増えてきました。

○アーモンドミルク

アーモンドを原料とし、カロリーが低くビタミンEや食物繊維を豊富に含んでいます。香ばしい風味が特徴で、ナッツ特有の味わいが楽しめます。さらっとしたのどごしで飲みやすいため、人気の飲料となっています。

○ライスミルク

米や玄米を原料とし、脂質が少なくさっぱりとした味わいで、ほんのりとした甘みがあります。食品アレルギーリスクが低いので安心して飲めます。

◯ココナッツミルク

ココナッツを原料とし、脂肪になりにくい中鎖脂肪酸を含みます。マグネシウムやカリウムを含み、糖質が低いためダイエット食品としても効果的です。

このほかにも、ピーミルク、マカダミアミルク、カシューミルク、ピスタチオミルク、ヘーゼルナッツミルク、キヌアミルク、ポテトミルクなど、プラントベースミルクの開発は続々と進んでいます。また飲料だけでなく、ヨーグルトや生クリーム、チーズの代替え品も多く見られるようになりました。

プラントベースミルクの栄養素は、原料によって大きく異なるので、成分を確認して目的に合わせて選ぶことが大切です。

植物性ミルクの普及により、多くの人々が健康的で環境に優しい選択肢を手に入れることができます。特に、乳糖不耐症、アレルギー、コレステロールなどの課題を抱えている人には、乳製品の代わりの商品が増えていくことは、食生活を豊かにしているのです。

ALL ABOUT THE VEGETABLES BUSINESS

4 医学業界から注目されるブロッコリー

健康を意識する人々が増える中、野菜や植物性食品の重要性が高まっています。なかでも注目されているのはブロッコリーで、医学業界からも重要視されています。

最近、ブロッコリーが日本で「指定野菜」に追加されるということが大きな話題になりました。これは、ブロッコリーへの人気が上昇して消費が急速に増えたことから、国内の出荷量が増加しているためです。

ブロッコリーは大きなつぼみのかたまりと茎を食べる野菜で、野生のケールから品種改良を繰り返しながら、今の形になりました。日本には明治の初めに持ち込まれましたが、1970年代から西洋化した食生活の流れでよく食べられるようになりました。

1980年代には、アメリカ・カリフォルニアからの輸入品が増え、栄養価の高さが評価されて消費量が増加しました。これによって国内でも生産体制が整い、国産のブロッコリーが1年中安定して手に入るようになったのです。

ブロッコリーの主な産地は北海道、埼玉県、愛知県、香川県で、２０００年代から20年間で出荷量が2倍以上に増えています。

品種には食べる部分が異なる3タイプがあります。頭部の大きなつぼみを食べる頂花蕾型、脇から生えるつぼみを食べる側花蕾型、頭部と脇の両方を食べる頂花蕾・側花蕾兼用型です。最近では、茎を丸ごと食べることができるスティックタイプの新品種も人気を集めています。


ブロッコリーの人気が高まっている理由の1つは、その栄養価の高さです。ビタミンCやβカロテン、ビタミンEなど、抗酸化作用を持つ栄養素が豊富に含まれていて、欧米では「栄養の宝石」とも呼ばれています。

特に、ビタミンCはレモンの2倍以上を含み、野菜の中でもトップクラスの含有量です。１００グラムのブロッコリーを食べると、1日に必要なビタミンCをほぼ摂取することができます。加熱しても多くの栄養素が失われにくいため、疲労回復や美しい肌を保つ効果が期待できます。

さらに、ブロッコリーは鉄分や葉酸、カルシウム、ビタミンKも豊富に含んでいるため、貧血予防や骨粗しょう症予防にも効果的があります。特に女性にとって大切な要素なので、幅広い年代の方におすすめできる野菜と言えるでしょう。野菜の中ではタンパク質が豊富で、筋力トレーニングを行う人にも人気です。

ブロッコリーには「スルフォラファン」という成分が含まれていて、がんを予防する効果があると注目されています。これは、アブラナ科の野菜に広く含まれる成分ですが、中でもブロッコリーは高い効果を発揮することがわかっています。

特に、ブロッコリーの種から発芽させたブロッコリー・スプラウトには、成熟したブロッコリーの7倍以上のスルフォラファンが含まれているとされています。

スルフォラファンは、体内に入った発がん性物質を取り除き、抗酸化力を高めことで、がんをはじめとする多くの病気を予防する働きがあります。そのため、ブロッコリーは、がん予防に効果的な食材として医学業界から高い評価を受けています。

この影響で、ブロッコリーを原料とした「スルフォラファン」含有の機能性食品やサプリメントが次々に発売されています。

ブロッコリーは、その鮮やかな緑色が料理を引き立てることから、多くの家庭で肉料理の付け合わせや野菜サラダに使われています。香りや味が穏やかで少し甘みがあるため、子どもや若者にも好まれ、栄養価の高い野菜として消費が続いています。

新鮮なブロッコリーを選ぶためには、注目するポイントがあります。つぼみが小さく密集していて、切り口がみずみずしく、濃い緑色で全体が締まっているものを選ぶことです。すでに知っている方も多いと思いますが、調理するときは、まず茎の下から包丁で切り落とし、一口大に切り分けます。茎もおいしいので、皮を厚めにむいて食べやすく切りましょう。つぼみの中の汚れを落とすために水にさっと浸します。

ゆでる際には、沸騰したお湯にブロッコリーを入れて、完全に沈めて30秒から1分で引き上げます。水にさらさず、ザルに広げて冷ますと色鮮やかに仕上がります。

新鮮なブロッコリーから調理すると、やっぱりひとあじ違います。ぜひ、日常の食事にブロッコリーを取り入れて、健康維持に役立ててください。

ALL ABOUT THE VEGETABLES BUSINESS

5

どこでも新鮮な野菜を食べられる技術

新鮮で栄養たっぷりの野菜を食べられることは、健康を維持する上でも、まさに理想的です。私たちの食生活を支える野菜の栽培方法は、技術の進歩によって、気候変動のような大きな課題に対応できるよう進化し続けています。

第2章でも触れたスマート農業の技術は、どこでも栄養豊富で衛生的な野菜を育てることを可能にしています。特に、リーフレタスのような葉物野菜を水耕栽培で育てる方法は、最新の技術を活用した農業の成功例として注目を集めています。

野菜工場では、日光の代わりにLED照明を使い、1年を通して高品質な野菜を栽培することが可能です。この方法なら、外部の天候に左右されることなく、細菌の心配もなく、無農薬で安全な野菜を育てられます。

さらに、ＬＥＤ証明を使って光の条件を自由に調整することで、野菜の栄養価を高めたり、成長をコントロールしたりする技術が進んでいます。これは垂直農業という方法で、ビルの室内に縦に農地を積み重ねることで、限られた場所でも効率よく野菜を育てられ、1年を通して安定した価格で野菜を提供できるようになります。

屋内栽培には、照明や給水システムの運用コストが高いという課題があります。それでもレタスのような野菜は、このような環境での栽培に適しており、多くの植物工場で取り組まれています。

注目すべきは、これらの取り組みが地球だけでなく、宇宙での野菜栽培にも応用されていることです。２０１５年8月、国際宇宙ステーション（ＩＳＳ）で栽培されたレタスを、宇宙飛行士が食べたことが大きな話題となりました。

この実験は、「Veggie」と名付けられたプロジェクトの一環で、宇宙で新鮮な野菜を育てることを目指しています。国際宇宙ステーションでの野菜栽培は、地球外での自給自足型生活の実現に向けた重要な一歩です。

宇宙での長期滞在には食料源が不可欠ですが、現在は主に乾燥や加熱処理をされたパッケージ食品が中心となっています。この新しい野菜の栽培法で新鮮な野菜を食べられるようになれば、未来の宇宙探査で、長期滞在の可能性をさらに広げることができるでしょう。

野菜工場やハイテク農業は、将来の農業の形として注目されています。これらの方法は、環境に優しく、農業の生産効率を高めることができるからです。さらに、農業従事者の高齢化という問題にも対応できます。

先進的な技術を使ったこれらの農業は、将来の食料生産に革新をもたらしはじめています。

例えばオランダでは、ＬＥＤ照明やセンサーなどハイテク技術を活用した農業で、世界第2位の農産物輸出国となっています。これは、少ない土地と労働力で効率よく大量生産することを可能にした結果です。さらに、日照時間が少ないなどの不利な条件を技術力で克服し、農産物の品質と生産効率も高めています。

また、中東は砂漠地帯が広がる代表的な地域で、ここでは水不足と高温が大きな課題で、ほとんどの野菜を輸入に頼っています。アラブ首長国連邦（ＵＡＥ）やサウジアラビアなどの国々では、垂直農業で循環式の水耕栽培が用いられ、限られた水資源を最大限に活用しています。また、ＬＥＤ照明を利用することで、日照時間の短い環境や夜間でも、効率的に作物を育てる取り組みが進められています。

ここでご紹介した野菜工場のアイデアは、新しいビジネス機会につながる可能性があります。日本の都市部では、店舗で新鮮な野菜を栽培し、収穫してから30分以内に配送するサービスが始まっています。この方法は、ホテルのロビーや商業施設内でさえ、少しのスペースがあれば野菜を栽培し、提供することができます。

さらに移動可能なコンテナに適用すれば、移動販売のような形でも新鮮な野菜を提供することができます。また、栽培施設ごと貸し出すことができれば、災害時の支援としても活躍できるのではないでしょうか。

植物工場やハイテク農業がもたらす安全で高品質な野菜は、未来の食卓を豊かにするだけでなく、様々な可能性を秘めています。

ALL ABOUT THE VEGETABLES BUSINESS

6 伝統的な日本の食生活を見直してみよう

「プラントベースフード」という健康的な食生活が世界中で注目されていますが、これらに使われる材料は、日本人にとって馴染みが深く、食べ慣れた食材です。

プラントベースフードの主要な原料は、大豆や豆類、穀物などの植物性タンパク質と食物繊維です。これらはすべて、日本の食文化に深く根ざしているものです。

日本では、伝統的に豆製品からタンパク質を得ることが一般的で、和食には野菜を豊富に使用した料理が多くあります。これにより、日本の食事は自然と食物繊維をたくさん含むものになっています。また、漬物などの発酵食品は野菜を保存する伝統的な方法であり、これも日本の食文化の重要な一部を形成しています。

肉や魚だけでなく、大豆などの植物性タンパク質、発酵食品、野菜中心の食事を取り入れることが一般的とされる日本の食文化は、自然とプラントベースフードの考え方を取り入れているとも言えます。

そしてこの日本型の食生活の特徴である、発酵食品と食物繊維の多い食事は、健康を維持していくためにはとても重要です。

その理由の1つに、これらの食事は腸内環境のバランスを保つために最高の組み合わせだからです。

腸内には数百種類、数兆個の細菌が生息していて、この細菌群を「腸内フローラ」と呼びます。腸内フローラは、体の免疫システムの約70％を構成しています。健康な腸内環境を維持することで、病気への抵抗力を高め、アレルギーや自己免疫疾患のリスクを下げることができることがわかっています。さらに、うつ病や肥満、体内の炎症を抑える効果もあります。

腸内環境を良好に保つためには、プロバイオティクス（善玉菌）やプレバイオティクス（善玉菌のエサとなる食物繊維）が豊富な食品を取り入れることが大切です。

プロバイオティクスには、ビフィズス菌や乳酸菌などの善玉菌が含まれ、これらはヨーグルトや乳酸菌飲料、ぬか漬け、キムチ、納豆、味噌などの発酵食品に多く見られます。

プレバイオティクスとは、善玉菌の栄養源となる食物繊維やオリゴ糖のことで、腸内の善玉菌のエサとなり、腸内のバランスを良好に保つことで、便秘の解消や腸内環境の改善に効果があります。また、免疫システムを強化し、血糖値の急激な上昇を抑える効果も期待できます。

プレバイオティクスを含む代表的なものは、イヌリンとオリゴ糖です。

イヌリンは、多くの野菜に自然に含まれる水溶性の食物繊維です。水に溶けてゲル状になり、腸内でゆっくりと消化されます。特にごぼう、アスパラガス、玉ねぎ、にんにく、菊芋《きくいも》などに多く含まれています。

オリゴ糖は炭水化物の一種で、途中で消化吸収されずに大腸まで届いて善玉菌の餌となります。特に、ごぼう、玉ねぎ、にんにく、アスパラガス、大豆などに多く含まれます。

日本の伝統的な食生活は、健康を保つためにも理想的な方法です。しかし残念ながら、それを実践する人は減少しているのが現状です。特に現代では、便秘に悩む女性が多く、植物繊維を含む機能性食品やサプリメントの利用が広がっています。

確かに、手軽に試せる魅力的なものが増えていますが、新しい植物性の食品に目を向ける前に、まずは伝統的な日本食を見直す価値があると考えています。すると自然に腸の健康が保たれて、便秘も改善するのではないでしょうか。日本らしい食生活を取り入れることは、無理なく健康を維持する良い方法なのです。

ALL ABOUT THE VEGETABLES BUSINESS COLUMN

日本の精進料理

日本の精進料理は、健康と環境保護への関心の高まりによって再評価されています。

仏教の教えに基づき、肉食を避けた菜食を中心とするこの料理は、身体と心を清め、自然との調和を大切にする日本の食事文化の1つです。

欧米のヴィーガンやベジタリアンの間でも興味を持たれ、日本の精進料理体験は魅力的なものとされています。その豊かな味わいと栄養価、そして動物愛護や地球環境への配慮で多くの人々に受け入れられています。

精進とは、「雑念を去り仏道修行に専心すること」や「一定の期間行いを慎み、身を清めること」などを意味し、その料理は身体を清め、煩悩を避けることを目的としています。植物性の食材を使いながらも、豊かな味わいと栄養価を実現しています。

伝統的な精進料理は、煮物、炒め物、揚げ物、蒸し物、おこわ、お粥、おでん、汁物など多彩な料理があります。これらの料理は、季節の野菜や海藻、豆腐、こんにゃくなどを組み合わせて調理され、バランスの取れた食事を提供します。

日本では、禅宗が精進料理を発展させました。禅宗では、食事も修行の一環として捉え、曹洞宗の開祖である道元禅師が「典座《てんぞ》教訓」と「赴粥飯法《ふしゅくはんぽう》」をまとめるなど、食事についての具体的な指針が示されました。精進料理の味付けは比較的しっかりとしており、塩分を多めに求める傾向があります。

精進料理は、仏教の戒めに基づいて肉や魚などの動物性食材を使用せずに作られる料理です。その特徴は、調理、食事、片付けまで含めた基本ルールにあります。以下に、精進料理の基本ルールと特徴を詳しくまとめます。

◯五味での味の調和

甘味、酸味、塩味、苦味、辛味の五つの味をバランスよく取り入れます。甘味は心を和ませ、酸味は食欲を増進させ、塩味は体に必要なミネラルを補給し、苦味はデトックス効果があり、辛味は血行を促進します。

○五色での見た目の美しさ

赤、黄、緑、白、黒の五つの色をバランスよく取り入れます。赤は元気を与え、黄は明るさを与え、緑は爽やかさを与え、白は清潔感を与え、黒は重厚感を与えます。

○五禁の遵守

ねぎ、らっきょう、にら、にんにく、しょうがなど、においの強い野菜を避けます。これらの食材は、仏教の戒律に基づき、精進料理に使用されません。

○植物性の食材の使用

野菜、豆類、穀物、海藻、果物など、植物性の食材が中心となります。大豆や野菜などの植物性の食材は豊富な栄養価を提供し、精進料理の主要な食材として活用されます。調理の際の工夫は、アク抜きや水煮など、野菜の調理技術が独自に発展しました。これらの技術は、後の和食にも影響を与え、和食の多くが精進料理から派生していきました。

◯もどき料理法の発展

魚や肉の代替として、「がんもどき」や「こんにゃくの刺身仕立て」といったもどき料理法が発展しました。これらの料理は、見た目や味わいを工夫して、精進料理のバリエーションを豊かにしました。

精進料理は、もともと修行僧が食べる簡素な食事でしたが、食材の制限の中で工夫や技術が進化し、和食の発展に大きな影響を与えました。精進料理に対する関心が再び高まっているのは、現代社会の求めている健康的で持続可能なものと、その豊かな味わいと美しさが調和しているからです。

終章

100年先も野菜を食べるために

Final chapter :

How to eat vegetables 100 years from now

これまで、野菜に関する様々な分野を掘り下げてきました。それらを詳しく解説することは、100年後もおいしい野菜を食べるためにとても重要なことです。

今、未来の食について世界中で様々な議論が行われています。

野菜はその中心にあり、食の新しいトレンドを引っ張っています。技術の進歩によって、野菜の種類は大幅に増えましたが、多くの野菜は今も古代からの自然環境に適応した形を保っています。

人類が初めて野菜を食べたときから現代に至るまで、野菜は私たちの生活や歴史に欠かせない存在でした。時代が変わるごとに食べるものが変わっても、野菜はいつも私たちの生命を守るために重要な食材でした。

現在では新しい技術が次々と生まれ、農業の方法、流通の仕組み、野菜の加工技術がどんどん進化しています。また、地域の伝統野菜が再び注目されたり、自然に合わせた栽培方法が見直されたりなど、環境を守りながら作られる野菜も、より多くの人に受け入れられています。さらに透明性が高まり、野菜の価値はこれまで以上に増しています。

100年後もおいしい野菜を楽しむには、私たち1人ひとりの意識を持った行動が欠かせません。そのために大切なのは、野菜を中心とした食生活を守っていくことです。これは未来の食料を確保するだけでなく、より健康で豊かな人生を実現するためも重要です。

野菜の健康効果は、栽培方法、流通プロセス、調理法、それを食べる私たちの健康状態によって大きく変わります。「人生100年時代」と言われる中で、健康に対する関心はこれまで以上に高まっています。特に野菜の栄養価に対する期待は大きく、多くの人がその健康効果を認識しています。

にもかかわらず、実際には、十分な量の野菜を食べている人は少ないのが現状です。多くの人が野菜不足を感じつつも、十分な量を摂取できていない理由の1つとして、野菜をたくさん食べることの効果を実感できていないことがあると考えています。

私の経験を例にとると、20代から重度の花粉症に悩まされていて、便秘や肌トラブルもありました。でも、結婚してから野菜を多く食べる食生活に変えたところ、便秘と肌トラブルがなくなり、10年後には花粉症の症状がまったく出なくなりました。

もちろん、野菜以外の食品もバランスよく食べていましたが、間違いなく野菜を多く取り入れた食生活のおかげだと思っています。今では心身とも健康で、充実した毎日を送っています。これは、私の個人的な体験ですが、野菜が持つ力はまだまだ底が知れないと感じている次第です。

私の本業は、家庭で食べるための料理を発信していくことですが、その根底にあるのが「食べることを楽しんで健康になってほしい」という願いです。

「健康にいいから」と嫌々食べるのではなく、「食べたい」と思える野菜の選び方や食べ方を提案しています。野菜についてもっと知り、興味を持ち、日々の野菜選びに「こういう理由でこの野菜を食べたい」と明確な意思を持つことができれば、楽しく健康的な食生活になると考えています。

私たちの毎日の食事選択が、１００年後もおいしい野菜を食べるための基盤を作ります。この本を通じて、野菜の役割や重要性についての理解を深め、皆さんの食生活に役立つガイドになれば幸いです。そして、これからの野菜ビジネスに新しいアイデアを提供し、一緒に豊かな食の未来を作っていきましょう。

おわりに

今、この本を書き終えてほっとしています。これまでの経験と知識をこうして本にすることができたのは、ただ嬉しいだけではありません。私の中でバラバラになっていた野菜の知識が、やっとつながったという達成感でいっぱいだからです。

食事中や料理教室などでは、チャンスさえあれば、野菜について語りたい自分がいます。それに付き合ってくれる友人や家族はうんざりしているかもしれませんが、「へー知らなかった」とか、「こんなおいしい野菜食べたことない」などと言われたら、天にも昇る気持ちになります。

この本は、野菜研究家、野菜ソムリエとしての経験と、これまで広く関わってきた野菜の経験をもとに書きました。伝統野菜の立ち上げから関わっている「上越野菜振興協議会」の活動から学んだことも多く、野菜栽培や直売所での経験も役立ちました。

さらに、勝手に海外視察を行っている旅行先での経験からも、各項目のヒントを得ることができました。

得意分野についてはスムーズに書けるのに、知識の浅い部分のついては調査に時間がかかりました。しかし、書くほどに野菜の面白さを再発見し、苦しみながらも楽しんで書くことができました。

まずは何と言っても、この書籍を出版する機会をくださったクロスメディア・パブリッシングの皆さんに感謝いたします。そして、推薦してくださった『魚ビジネス』の著者のながさき一生さん、本当にありがとうございました。

また、この書籍のために快く取材に協力してくださった方々にもお礼を申し上げます。ありがとうございました。

私は新潟の自然豊かな田舎で生まれ、田畑に囲まれた環境で育ちました。

家の周りにはたくさんの野菜を育てる畑があり、市販の野菜を買うことはほとんどありませんでした。春には山菜が食卓に上り、にんじん、キャベツ、アスパラガス、なす、オクラ、カリフラワーと畑にはいつも新鮮な野菜が育っていました。

子どもの頃から大人が畑仕事をする様子をよく見ていたので、野菜の種類や育ち方、基本的な栽培方法は自然と身につき、野菜に関する知識となりました。そして、毎日新鮮な野菜を食べて育ったおかげで、健康な体の基盤を作れたと思っています。そのすべては、両親と祖父母のおかげです。深く感謝しています。

主婦時代には、毎日の食卓にできるだけ多くの野菜料理を工夫することが楽しみでした。それが高じて、地元の新聞「上越タイムス」に野菜料理のレシピを掲載させていただくことになり、13年間で約３５００レシピを書きました。この時の経験が、今の私を形作っているのは間違いありません。上越タイムスの社長はじめ、社員の皆さんに改めてお礼を申し上げたいと思います。

最後に、これまでお世話になったすべての人たちに感謝いたします。そして、常に私を応援してくれる２人の娘たちにも感謝します。いつもありがとう。

付録❶

これだけは知っておきたい「野菜の成分表」

❶ビタミン

①ビタミンA（βカロチン）（脂溶性ビタミン）

主な働き	目、肌、粘膜の健康維持、ウイルスへの抵抗力、抗酸化作用
健康効果	肌荒れ、口内炎の改善、夜盲症の予防、風邪やインフルエンザの予防、老化防止、がん・生活習慣病の予防、動脈硬化の予防
多く含まれる野菜	緑黄色野菜（特に、にんじん・ほうれん草・ケール・かぼちゃ・ニラ・モロヘイヤ・春菊など）

②ビタミンB1 （水溶性ビタミン）

主な働き	糖質の代謝を良くする、神経機能の正常化
健康効果	疲労回復、集中力の向上、安眠、精神安定
多く含まれる野菜	豆野菜・にんにく・芽キャベツ・モロヘイヤ・ブロッコリー・とうもろこし・アスパラガス・ほうれん草・里芋

③ビタミンB2 （水溶性ビタミン）

主な働き	脂質の代謝を良くする、皮膚や粘膜の健康維持
健康効果	口内炎、肌荒れ、肝臓病の予防、老化防止、動脈硬化の予防
多く含まれる野菜	モロヘイヤ・トウガラシ・青しそ・マッシュルーム・菜の花・パセリ・ブロッコリー・芽キャベツ・しいたけ・アスパラガス

④ビタミンC （水溶性ビタミン）

主な働き	コラーゲンを作る、抗酸化作用、皮膚や骨の健康維持
健康効果	肌のハリ、シミそばかすの予防、抗ストレス作用、老化防止、がん・生活習慣病の予防、動脈硬化の予防
多く含まれる野菜	ケール・パプリカ・ブロッコリー・カリフラワー・ピーマン・モロヘイヤ・さやえんどう・ししとう・れんこん・トマト

⑤ビタミンE （脂溶性ビタミン）

主な働き	血管の健康維持、毛細血管の収縮や血流促進、抗酸化作用
健康効果	冷え性改善、老化防止、がん・生活習慣病の予防、動脈硬化の予防、ホルモンバランスの調製
多く含まれる野菜	モロヘイヤ・西洋かぼちゃ・パプリカ・ブロッコリー・アボカド・ほうれん草・さつまいも・豆苗・菜の花・ニラ・ナッツ類

⑥葉酸（ビタミン9）（水溶性ビタミン）

主な働き	細胞の成長と分裂を助ける、赤血球の形成を助ける、血中のアミノ酸を調製
健康効果	妊娠中、貧血改善、心臓病の予防、うつ病の予防
多く含まれる野菜	菜の花・ケール・ブロッコリー・ほうれん草・アスパラガス・枝豆・芽キャベツ・さつまいも（皮つき）・ひらたけ・まいたけ

※ビタミンは2種類の性質がある

ビタミンには「脂溶性ビタミン」と「水溶性ビタミン」の2種類があります。

脂溶性ビタミンは体内に蓄積されやすいので、欠乏症が起こりにくいのが特徴です。その反面、大量に摂取した場合は過剰症が起こるケースもあります。

水溶性ビタミンは熱に弱く、水に溶けやすいのが特徴です。多く摂取しても尿中に排泄されるので、欠乏症になりやすいです。

❷ ミネラル

①カルシウム

主な働き	骨や歯を丈夫にする、神経・筋肉の正常化
健康効果	骨粗鬆症予防、不眠改善、神経興奮の抑制、血液凝固作用
多く含まれる野菜	小松菜・白菜・水菜・春菊・クレソン・ケール・菜の花・モロヘイヤ・チンゲンサイ・オクラ・つるむらさき・ルッコラ

②鉄

主な働き	赤血球を作る、酸素を全身に送る
健康効果	貧血予防、疲労回復、頭痛や動悸・息切れ・めまいの改善
多く含まれる野菜	小松菜・枝豆・ほうれん草・サニーレタス・春菊・水菜・ブロッコリー・そら豆・ルッコラ・サラダ菜・えのきたけ

③カリウム

主な働き	体内の水分調節、塩分の排出、血圧の正常化
健康効果	むくみの解消、高血圧の予防、夏バテの改善
多く含まれる野菜	ほうれん草・人参・里芋・さつまいも・小松菜・アボカド・枝豆・かぼちゃ・ブロッコリー・サニーレタス・長いも

④マグネシウム

主な働き	エネルギー代謝、ミネラル濃度の調製、神経機能維持、心機能維持
健康効果	精神安定、心臓発作の予防、疲労回復、集中力や記憶力の向上
多く含まれる野菜	豆野菜・オクラ・ごぼう・ほうれん草・とうもろこし・サツマイモ、春菊・じゃがいも・ナッツ類

付録❷

健康で元気な体をキープする「抗酸化成分」

ファイトケミカルとは

栄養素とは別の機能性成分として、いま「ファイトケミカル」が注目を集めています。ファイトケミカルは、植物が環境や外敵から身を守るために自然に生成されたもの。人間にとって多くの健康効果があるとして注目されています。特に、ファイトケミカルには抗酸化作用があり、がん予防や心臓病リスクの低減や炎症を抑える効果が期待されています。

カロチノイド

①リコピン（脂溶性）

主な働き	抗酸化作用、免疫力の向上、抗炎症作用、発がん予防
健康効果	肌のハリ、シミ・そばかすの予防、老化防止、がん・動脈硬化・生活習慣病の予防
多く含まれる野菜	トマト・金時人参

②カプサイチン（脂溶性）

主な働き	抗酸化作用、免疫力の向上、胃酸の抑制、脂肪代謝、抗炎症作用
健康効果	肥満改善、冷え性改善、高血圧の改善、老化防止、がん・動脈硬化・生活習慣病の予防
多く含まれる野菜	赤トウガラシ・ししとう・赤ピーマン

③βカロチン（脂溶性）

主な働き	抗酸化作用、免疫力の向上、免疫細胞の活性化
健康効果	老化防止、がん・動脈硬化・生活習慣病の予防
多く含まれる野菜	緑黄色野菜

④ルティン（脂溶性）

主な働き	抗酸化作用、免疫力の向上
健康効果	老化防止、がん・動脈硬化・生活習慣病の予防
多く含まれる野菜	ケール・ほうれん草・ブロッコリー・かぼちゃ・アスパラガス・小松菜・モロヘイヤ・よもぎ

ポリフェノール

①アントシアニン（水溶性）

主な働き	抗酸化作用、免疫力の向上、目の健康
健康効果	眼精疲労改善、老化防止、がん・動脈硬化・生活習慣病の予防
多く含まれる野菜	なす・赤しそ・紫キャベツ・赤玉ねぎ・さつまいも・黒豆

②ルテオリン（脂溶性）

主な働き	糖質の代謝、尿酸抑制、抗酸化作用、免疫力の向上、抗アレルギー作用
健康効果	痛風改善、血糖値の上昇を抑える、肥満改善、老化防止、がん・動脈硬化、生活習慣病の予防
多く含まれる野菜	セロリ・パセリ・ピーマン・春菊・ブロッコリー・青しそ・ハーブ類

③ケルセチン（脂溶性）

主な働き	脂肪分解、抗炎症作用、抗酸化作用、抗アレルギー作用、免疫力の向上、血管の健康
健康効果	風邪やインフルエンザの予防、老化防止、がん、動脈硬化・生活習慣病の予防
多く含まれる野菜	玉ねぎ・サニーレタス・ブロッコリー・モロヘイヤ・ミニトマト・ピーマン・アスパラガス

④ルチン（水溶性）

主な働き	脂肪分解、抗炎症作用、抗酸化作用、免疫力の向上、毛細血管の強化
健康効果	高血圧の改善、コレステロールの抑制、老化防止、がん・動脈硬化・生活習慣病の予防
多く含まれる野菜	そば、アスパラガス・大豆・レンズ豆・ブロッコリー・さつまいも・ナッツ類

イオウ化合物

①イソチオシアネート（水溶性）

主な働き	抗酸化作用、免疫力の向上、発がん物質の無毒化
健康効果	老化防止、がん・動脈硬化・生活習慣病の予防
多く含まれる野菜	アブラナ科の野菜

スルフォラファン（水溶性）

主な働き	抗酸化作用、免疫力の向上、解毒作用、抗菌作用
健康効果	胃炎の改善、肝機能の改善、老化防止・がん・動脈硬化・生活習慣病の予防
多く含まれる野菜	ブロッコリースプラウト・ブロッコリー・カリフラワー・芽キャベツ・ケール・からし菜

②硫化アリル（水溶性）

主な働き	抗酸化作用、免疫力の向上、抗菌作用、血液凝固抑制、消化吸収
健康効果	血液サラサラ、疲労回復、老化防止、がん・動脈硬化・生活習慣病の予防・食欲増進
多く含まれる野菜	玉ねぎ・にんにく・ねぎ・ニラ・らっきょう

[著者略歴]
梅田みどり（うめだ・みどり）

野菜研究家・野菜ソムリエ
フードサロンやさいのひ代表

地元の金融機関に就職後、結婚・出産を経て、料理研究家としての仕事がスタート。季節の野菜中心の料理レシピを料理教室やYouTubeチャンネルで公開している。野菜の専門家として、伝統野菜をはじめとする地元農産物の保存や普及に力を注ぎ、野菜の健康効果や食習慣の重要性を発信している。著書に『今日は野菜の日・春夏秋冬』『おうちで本格パン焼けました』『こねずに混ぜるだけ　やさしいパン作り』がある。

[Official HP]
https://www.yasainohi.net/

[YouTube]
https://www.youtube.com/UCVsLICvumTGI8Q0z2erOCGw

[Instagram]
https://www.secure.instagram.com/yasainohi_ch/?hl=ja

野菜《やさい》ビジネス

2024年5月21日　初版発行

著　者　梅田みどり

発行者　小早川幸一郎

発　行　株式会社クロスメディア・パブリッシング
〒151-0051 東京都渋谷区千駄ヶ谷4-20-3 東栄神宮外苑ビル
https://www.cm-publishing.co.jp
◎本の内容に関するお問い合わせ先：TEL(03)5413-3140／FAX(03)5413-3141

発　売　株式会社インプレス
〒101-0051 東京都千代田区神田神保町一丁目105番地
◎乱丁本・落丁本などのお問い合わせ先：FAX(03)6837-5023
service@impress.co.jp
※古書店で購入されたものについてはお取り替えできません

印刷・製本　中央精版印刷株式会社

ISBN978-4-295-40970-0　C2034